旭日期权丛书

期权
实战细节

于红 黄旭东◎著

电子工业出版社·
Publishing House of Electronics Industry
北京·BEIJING

内 容 简 介

本书全方位覆盖了期权实战前、实战中及实战后的各个关键环节的细节。这些细节都是作者在长期实际交易中总结出的宝贵经验。投资者阅读本书，能够全面、深入地了解期权交易的各个层面，从而在实战中更加从容不迫地应对复杂多变的市场状况。

本书不仅能帮助读者深刻理解期权交易的复杂性与独特性，还能指导读者掌握实用交易技巧和方法。无论是渴望快速入门并掌握基本交易技巧的期权投资新手，还是期望完善自身交易体系、提升投资收益的有一定经验的投资者，这本书都极具阅读价值。

图书在版编目（CIP）数据

期权实战细节 / 于红，黄旭东著. -- 北京：电子工业出版社，2025. 8. --（旭日期权丛书）. -- ISBN 978-7-121-50739-7

Ⅰ. F830.91

中国国家版本馆 CIP 数据核字第 2025WC2068 号

责任编辑：高洪霞
印　　刷：天津嘉恒印务有限公司
装　　订：天津嘉恒印务有限公司
出版发行：电子工业出版社
　　　　　北京市海淀区万寿路 173 信箱　　邮编：100036
开　　本：880×1230　　1/32　　印张：6.25　　字数：160 千字
版　　次：2025 年 8 月第 1 版
印　　次：2025 年 8 月第 1 次印刷
定　　价：65.00 元

凡所购买电子工业出版社图书有缺损问题，请向购买书店调换。若书店售缺，请与本社发行部联系，联系及邮购电话：（010）88254888，88258888。

质量投诉请发邮件至 zlts@phei.com.cn，盗版侵权举报请发邮件至 dbqq@phei.com.cn。

本书咨询联系方式：faq@phei.com.cn。

推　荐　序

解锁期权实战密码，开启财富增长新篇

在金融投资的广袤版图中，期权宛如一颗耀眼而又神秘莫测的星辰，散发着独特的魅力，吸引着无数投资者竞相追逐。我国期权市场自 2015 年 2 月 9 日推出首个期权品种以来，历经十载蓬勃发展，已然迈入黄金时代。如今，我国上市期权品种已达数十个，覆盖范围广泛，基本囊括了各类主流品种。

期权无疑是一把双刃剑，既蕴藏着令人心动的巨大盈利潜力，又因自身的复杂特性，对投资者的专业素养与实战能力有着严苛要求。在期权实战领域，细节堪称决定成败的关键因素。一个细微的疏漏，便可能引发巨额亏损；而对细节的精准把控，则极有可能带来丰厚回报。

本书由两位在期权领域潜心钻研多年、实战经验极为丰富的行业大咖精心打造。于红先生，第十一、十二届全国期货（期权）实盘交易大赛期权组冠军；黄旭东先生，第十届全国期货（期权）实盘交易大赛期权组亚军。他们强强联合，凭借深厚的专业知识积淀和丰富的实战经验，毫无保留地将期权投资的精髓呈现给广大读者。

这本书全方位覆盖了期权实战前、实战中及实战后的各个关键环节的细节。这些细节都是作者在长期实际交易中总结出的宝贵经验。投资者阅读本书，能够全面、深入地了解期权交易的各个层面，

从而在实战中更加从容不迫地应对各种复杂多变的市场状况。

- 实战前：作者着重强调夯实基础的重要性。在踏入期权市场之前，投资者务必做好充足准备，全面了解市场的基本规则与潜在风险，熟练掌握必要的交易工具和技巧。唯有筑牢这些基础知识根基，投资者方能在期权市场中少走弯路，有效避免诸多不必要的错误交易。

- 实战中：书中深入探讨了期权合约价格波动规律、隐含波动率的影响机制、仓位管理策略及止盈止损技巧等关键问题。通过这些内容，投资者能够在交易过程中更加从容地应对各类交易情形，精准把握每一个潜在盈利机会。例如，书中关于如何识别期权市场的涨跌情绪、怎样选择合适的期权合约等内容，能让投资者在实战中更加得心应手。此外，书中还分享了一系列实用技巧和方法，助力投资者在交易中更好地把握时机，规避失误。

- 实战后：作者提醒投资者密切关注期权认沽认购成交量比率、账户实时风险度及收盘价与结算价差异等细节。这些看似琐碎的要点，能帮助投资者在交易结束后，更科学地制订后续交易计划，为下一次交易做好充分准备。

《期权实战细节》凭借对期权交易细节的深度剖析，为投资者呈上了一份不可多得的实战指南。它不仅能帮助读者深刻理解期权交易的复杂性与独特性，还能助力读者掌握实用交易技巧和方法。无论是对于渴望快速入门并掌握基本交易技巧的期权投资新手，还是对于期望完善自身交易体系、提升投资收益的有一定经验的投资者，

这本书都极具阅读价值。

总而言之,《期权实战细节》是一部兼具理论深度与实战价值的佳作。它以翔实丰富的内容、典型生动的案例和切实可行的方法,为读者打开了通往期权世界的大门。相信每一位用心研读本书的投资者,都能从中获得启迪,显著提升自身期权交易水平,在期权市场中斩获更为优异的成绩。

让我们一同走进《期权实战细节》的精彩世界,开启这场充满挑战与机遇的期权投资之旅,在期权市场中实现财富的稳健增长!

第十八届全国期货(期权)实盘交易大赛期权组冠军

上海筑金投资有限公司董事长

姜昌武

2025 年 6 月 17 日

于上海市

前　　言

回首 2017 年，我有幸夺得第十一届全国期货（期权）实盘交易大赛期权组冠军。彼时，市场上仅有 3 个期权品种。然而，经过多年的发展，截至 2025 年 4 月，期权品种已突破 60 个，几乎涵盖了主流的股指和商品期货。我国的期权市场迎来了高光时刻，期权这一金融工具也得到了市场的广泛认可，并被投资者运用自如。

金融市场犹如战场，而期权交易则是战场上的特种作战，是最为精妙的战术艺术。在这个充满机遇与风险的市场中，细节往往决定成败。一个被忽视的交易细节可能导致巨大损失，而一个备受重视的期权交易细节则可能带来意外收益。在多年的期权交易与教学实践中，我见证了太多投资者因忽视细节而付出昂贵学费。这些"非技术性"失误往往比判断错市场方向更令人扼腕叹息。因此，我希望能将自己多年积累的期权实战细节，尤其是那些在期权实战中容易被忽视却又至关重要的细节，毫无保留地分享给广大投资者，希望他们能避免因细节疏忽而吃大亏，少走弯路，多获收益。我期待通过这本书，帮助广大投资者在期权交易的道路上走得更加稳健。

本书体系

本书与市面上大多数期权著作不同，不追求艰深晦涩的理论，也不堆砌复杂的数学公式，而是聚焦于期权交易者在实战中面临的各种交易细节。全书按照期权交易的完整周期，分为期权实战前、

实战中和实战后三大部分，每一部分都包含了大量来自实战的经验总结和细节处理。

期权实战前：深入分析实战前的准备工作，包括期权基础知识和规章制度、账户准备、交易软件设置、期权合约乘数和到期日等。这些常被忽视的"准备工作"，往往决定了交易起点的质量。

期权实战中：揭示实战中的操作细节，例如，如何准确捕捉期权价格变化的获利机会、隐含波动率的使用技巧、行权过程中的细节、期权止盈和止损技巧、期权仓位管理等。这些实战中的"魔鬼细节"，正是专业与业余的分水岭。

期权实战后：系统讲解交易后的管理要点，包括账户实时风险度、收盘价与结算价的差异、期权合约最大持仓量、比率指标解读等。这些"后续工作"对下一步交易成功的影响不亚于交易本身。

本书特色

贴近实战：作者将多年在期权实战全流程中遇到的关键细节，毫无保留地分享给广大投资者。

案例详实：详细列举了68个期权实战细节案例，每个案例均从"情境"、"细节分析"和"延伸"三部分呈现给读者，帮助读者理解每个细节案例背后的注意事项和获利机会。

图文并茂：每个实战细节都配有图表分析，让抽象的细节变得直观，学习起来如身临其境，容易掌握。

体系完整：本书涵盖期权实战前、实战中和实战后的细节，每一部分都包含了大量来自期权实战的经验总结和细节处理。

读者获益

通过本书，读者将获得以下益处：

- 全面了解期权交易全流程中的关键细节。

- 避免常见但代价高昂的操作失误。

- 掌握期权冠亚军的实战操作秘籍。

- 减少期权实战中的失误，提升期权实战的收益。

结语

我希望这本书能够成为投资者在期权实战中的良师益友。无论你是刚刚踏入期权领域的新人，还是已经有一定经验的交易者，都能从本书中找到对自己有用的内容。我期待通过这本书，能让更多投资者掌握期权实战的精髓，从而在这个充满挑战与机遇的市场中，找到属于自己的成功之路。而细节，则是这场旅程中的关键钥匙。让我们一起走进《期权实战细节》的世界，深入探索期权交易的奥秘，掌握那些容易被忽视的细节，开启一段精彩的期权投资之旅，向着财富自由的目标稳步迈进。

于红

2025 年 6 月 17 日

于天津

目　　录

第 **1** 章

期权实战前的细节

1. 时间价值的流逝是金融市场里最确定的事情

情　境

期权合约的时间价值将随着时间的流逝而慢慢损耗。正常情况下，到达到期日，不管是股票期权、商品期货期权还是股指期权合约，其时间价值都将损耗完。也就是说，当期权合约到期时，其时间价值必须剩下最小一个报价单位，俗称"归零"，这是期权定价理论和市场实践中的一个基本规律，也是金融市场里最确定的事情。

细节分析

现实生活中，时间的流逝是最确定的事情，延伸到期权市场，时间价值的流逝也是最确定的事情。以 2024 年 12 月 25 日到期日为例，沪深 300ETF 期权全部合约的时间价值几乎都损耗完。从图 1-1 可以看到，几乎所有的期权合约时间价值都剩最小报价单位，也就是损耗完了，个别期权合约还有时间价值，可能是因为收盘前没有充分成交，而停留在不真实的价格上。我们可以在这件百分之百确定的事情上做文章，研究如何在期权市场赚取最确定的时间价值。

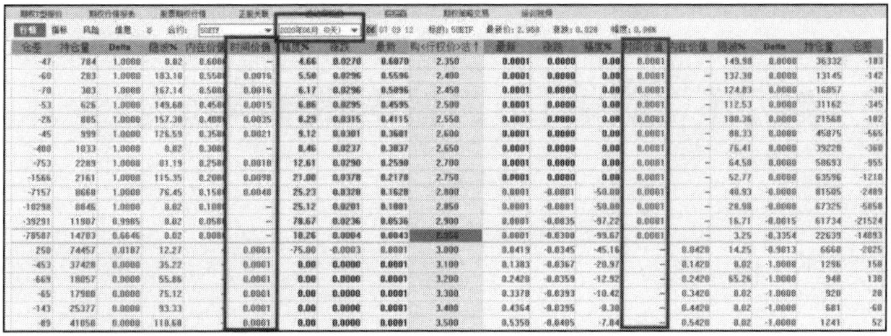

仓差	持仓量	Delta	隐波%	内在价值	时间价值	涨幅%	涨跌	最新	购<行权价>沽	最新	涨跌	涨幅%	时间价值	内在价值	隐波%	Delta	持仓量	仓差
-47	784	1.0000	0.02	0.6080	–	4.66	0.0270	0.6070	2.350	0.0001	0.0000	0.00	0.0001	–	149.98	0.0000	36332	-183
-60	283	1.0000	183.10	0.5580	0.0016	5.50	0.0296	0.5596	2.400	0.0001	0.0000	0.00	0.0001	–	137.30	0.0000	13145	-142
-70	303	1.0000	167.14	0.5080	0.0016	6.17	0.0296	0.5096	2.450	0.0001	0.0000	0.00	0.0001	–	124.83	0.0000	16857	-30
-53	626	1.0000	149.60	0.4580	0.0015	6.86	0.0295	0.4595	2.500	0.0001	0.0000	0.00	0.0001	–	112.53	0.0000	31162	-345
-26	805	1.0000	157.30	0.4080	0.0035	8.29	0.0315	0.4115	2.550	0.0001	0.0000	0.00	0.0001	–	100.36	0.0000	21560	-102
-45	999	1.0000	126.59	0.3580	0.0021	9.12	0.0301	0.3601	2.600	0.0001	0.0000	0.00	0.0001	–	88.33	0.0000	45875	-565
-400	1033	1.0000	0.02	0.3080	–	8.46	0.0237	0.3037	2.650	0.0001	0.0000	0.00	0.0001	–	76.41	0.0000	39220	-360
-753	2289	1.0000	81.19	0.2580	0.0010	12.61	0.0290	0.2590	2.700	0.0001	0.0000	0.00	0.0001	–	64.58	0.0000	58693	-955
-1566	2161	1.0000	115.35	0.2080	0.0098	21.00	0.0378	0.2178	2.750	0.0001	0.0000	0.00	0.0001	–	52.77	0.0000	63596	-1210
-7157	8660	1.0000	76.45	0.1580	0.0048	25.23	0.0328	0.1628	2.800	0.0001	-0.0001	-50.00	0.0001	–	40.93	-0.0000	81505	-2489
-10298	8846	1.0000	0.02	0.1080	–	25.12	0.0201	0.1001	2.850	0.0001	-0.0001	-50.00	0.0001	–	28.98	-0.0000	67325	-5858
-39291	11907	0.9985	0.02	0.0580	–	78.67	0.0236	0.0536	2.900	0.0001	-0.0835	-97.22	0.0001	–	16.71	-0.0015	61734	-21524
-78587	14703	0.6646	0.02	0.0080	–	10.26	0.0004	0.0043	[illegible]	0.0001	-0.0300	-99.67	0.0001	–	3.25	-0.3354	22639	-14093
250	74457	0.0187	12.27	–	0.0001	-75.00	-0.0003	0.0001	3.000	0.0419	-0.0345	-45.16	–	0.0420	14.25	-0.9813	6660	-2025
-453	37428	0.0000	35.22	–	0.0001	0.00	0.0000	0.0001	3.100	0.1383	-0.0367	-20.97	–	0.1420	0.02	-1.0000	1296	150
-669	18057	0.0000	55.86	–	0.0001	0.00	0.0000	0.0001	3.200	0.2420	-0.0359	-12.92	–	0.2420	65.26	-1.0000	940	130
-65	17980	0.0000	75.12	–	0.0001	0.00	0.0000	0.0001	3.300	0.3378	-0.0393	-10.42	–	0.3420	0.02	-1.0000	920	20
-143	25377	0.0000	93.33	–	0.0001	0.00	0.0000	0.0001	3.400	0.4364	-0.0395	-8.30	–	0.4420	0.02	-1.0000	681	-60
-89	41058	0.0000	118.68	–	0.0001	0.00	0.0000	0.0001	3.500	0.5358	-0.0405	-7.84	–	0.5420	0.02	-1.0000	1241	52

图 1-1　2024 年 12 月 25 日沪深 300ETF 期权 T 型报价图

延　伸

在期权市场赚取时间价值是一门很高深的学问，虽然理论简单，但操作起来相当不易，值得投资者好好学习。

2. 磨刀不误砍柴工，打好基础再进场

情 境

期权被誉为"金融衍生品皇冠上的明珠"，是最高级的金融衍生品工具，也是最复杂的金融衍生品工具，所以投资者要先学习一定的期权基础知识，再进场交易，做到"磨刀不误砍柴工"。

细节分析

由于期权是最复杂的金融衍生品工具，试图借助它迅速赚大钱是不可取的。"财不进急门"，如果太急功近利，连期权盈亏是怎么回事都没搞清楚，可就贻笑大方了。所以，建议先读一下《期权实战入门技巧与策略》这本书，封面如图 1-2 所示，学习一下期权基础知识和期权交易经验，再做模拟交易和熟悉期权交易软件，等熟悉后再开始进行实盘交易。做实盘交易时也应当循序渐进，先 1 张 1 张地交易，再 10 张 10 张地交易，然后就可以放开手干了，这才是正确的步骤。所以，在开始交易期权前，别忘了上述细节，以避免不必要的亏损。面对再复杂的问题，都要把它分解成一个一个简单的问题，然后一个一个地解决。学习做期权也是这样，把一个一个的细节学好、学会，将复杂的问题变简单，交易起来就更有效了。

图 1-2 《期权实战入门技巧与策略》封面

延 伸

《期权实战入门技巧与策略》非常贴近实战，其中有很多经典的篇章，比如期权实战"降龙十八掌"，期权实战"九种武器"，期权实战"经典十招"等。

3. 一人能开多少个期权账户

情　境

　　一个人能开多少个股票期权账户、多少个商品期货期权账户呢？

细节分析

　　截止到 2025 年 4 月 30 日，一个人可以在不同的证券公司和期货公司总共开设 3 个股票期权账户（图 1-3 所示为某证券公司的期权交易软件账户登录界面），在不同的期货公司可以开多个商品期货期权账户，也就是说，目前对于一个人在不同期货公司开设商品期货期权账户的数量没有明确规定，但在同一家期货公司只能开设一个账户。可以多开几个账户，以备不时之需！比如在一些特殊情况下，若符合相关规定和条件，当前股票期权账户的购买额度用完了，或许可以用其他的股票期权账户继续购买，但股票期权账户之间的购买额度并非绝对独立，而是会受到多种因素的综合影响和监管限制。

图 1-3 某证券公司的期权交易软件账户登录界面

延 伸

也许未来会限制一个人在不同期货公司开设商品期货期权账户的数量。

4. 活用 Delta 值，让你成为"权神"

情　境

怎样活用期权的风险指标 Delta？它有什么作用？

细节分析

期权的风险指标 Delta，用来衡量在标的资产价格发生变动时，期权合约价格变化的幅度。用公式表示：

Delta = 期权合约价格变化/标的资产现货价格变化

Delta 值不是一个常数，它在-1 至 +1 之间。若整个持仓的 Delta 值大于零，则表示持仓做多；若整个持仓的 Delta 值小于零，则表示持仓做空。这是 Delta 值的一个简单的应用。另外，还可以这样活用：期权合约的 Delta 值，可以被看作一个衡量期权合约到期时达到某个价位的概率，不管是股票期权、商品期货期权还是股指期权，都可以这样活用。比如，2024 年 11 月 7 日，科创 50ETF 购 11 月 1350 的 Delta 值为 0.077，我们可以活用它：科创 50ETF 到期时涨到 1.350 元的概率为 0.077（7.7%），也就是这张合约盈利的概率为 7.7%。另外一个期权合约科创 50ETF 购 11 月 1100 的 Delta 值为

0.432，我们可以活用它：科创 50ETF 到期时涨到 1.10 元的概率为 43.20%。再比如期权合约科创 50ETF 沽 11 月 900 的 Delta 值为 −0.145，我们可以活用它：科创 50ETF 到期时跌到 0.90 元的概率为 14.5%，如图 1-4 所示。

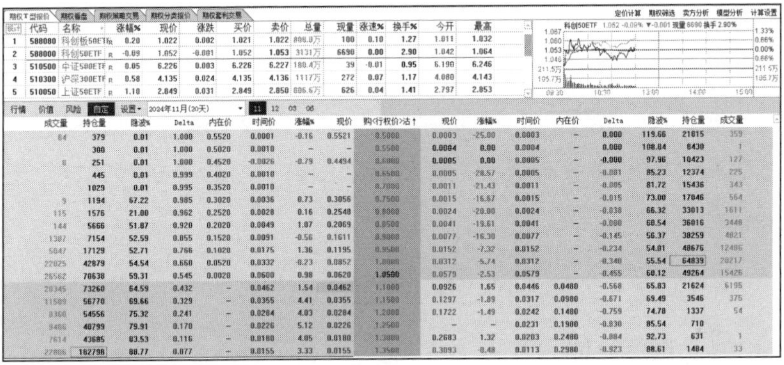

统计	代码	名称	涨幅%	现价	涨跌	买价	卖价	总量	现量	涨速%	换手%	今开	最高
1	588080	科创板50ETF	0.20	1.022	0.002	1.021	1.022	808.0万	100	0.10	1.27	1.011	1.032
2	588000	科创50ETF	-0.09	1.052	-0.001	1.052	1.053	3131万	6690	0.00	2.90	1.042	1.064
3	510500	中证500ETF	0.05	6.226	0.003	6.226	6.227	180.4万	39	-0.01	0.95	6.190	6.246
4	510300	沪深300ETF	0.58	4.135	0.024	4.135	4.136	1117万	272	0.07	1.17	4.080	4.143
5	510050	上证50ETF	1.10	2.849	0.031	2.849	2.850	806.6万	626	0.04	1.41	2.797	2.853

行情　价值　风险　自定　设置　2024年11月(20天)　11　12　03　06

成交量	持仓量	隐波%	Delta	内在价	时间价	涨幅%	现价	购<行权价>沽↑	现价	涨幅%	时间价	内在价	Delta	隐波%	持仓量	成交量
84	379	0.01	1.000	0.5520	0.0001	-0.16	0.5521	0.5000	0.0003	-25.00	0.0003	–	0.000	119.66	21815	359
	300	0.01	1.000	0.5020	0.0010	–	–	0.5500	0.0004	0.00	0.0004	–	0.000	108.84	8430	1
8	251	0.01	1.000	0.4520	-0.0026	-0.79	0.4494	0.6000	0.0005	0.00	0.0005	–	-0.000	97.96	10423	127
	445	0.01	0.999	0.4020	0.0010	–	–	0.6500	0.0005	-28.57	0.0005	–	-0.001	85.23	12374	225
	1029	0.01	0.995	0.3520	0.0010	–	–	0.7000	0.0011	-21.43	0.0011	–	-0.005	81.72	15436	343
9	1194	67.22	0.985	0.3020	0.0036	0.73	0.3056	0.7500	0.0015	-16.67	0.0015	–	-0.015	73.00	17046	564
115	1576	21.00	0.962	0.2520	0.0028	0.16	0.2548	0.8000	0.0024	-20.00	0.0024	–	-0.038	66.32	33013	1611
144	5666	51.87	0.920	0.2020	0.0049	1.07	0.2069	0.8500	0.0041	-19.61	0.0041	–	-0.080	60.54	36016	3448
1387	7154	52.59	0.855	0.1520	0.0091	-0.56	0.1611	0.9000	0.0077	-16.30	0.0077	–	-0.145	56.37	38259	4821
5047	17129	52.71	0.766	0.1020	0.0175	1.36	0.1195	0.9500	0.0152	-7.32	0.0152	–	-0.234	54.01	48676	12486
22025	42879	54.54	0.660	0.0520	0.0332	-0.23	0.0852	1.0000	0.0312	-5.74	0.0312	–	-0.340	55.54	64839	20217
26562	70638	59.31	0.545	0.0020	0.0600	0.98	0.0620	1.0500	0.0579	-2.53	0.0579	–	-0.455	60.12	49264	15426
20345	73260	64.59	0.432	–	0.0462	1.54	0.0462	1.1000	0.0926	1.65	0.0446	0.0480	-0.568	65.83	21624	6195
11589	56770	69.66	0.329	–	0.0355	4.41	0.0355	1.1500	0.1297	-1.89	0.0317	0.0980	-0.671	69.49	3546	375
8360	54556	75.32	0.241	–	0.0284	4.03	0.0284	1.2000	0.1722	-1.49	0.0242	0.1480	-0.759	74.78	1337	54
9486	40799	79.91	0.170	–	0.0226	5.12	0.0226	1.2500	–	–	0.0231	0.1980	-0.830	85.54	710	
7614	43685	83.53	0.116	–	0.0180	4.05	0.0180	1.3000	0.2683	1.32	0.0203	0.2480	-0.884	92.73	631	1
22806	102798	88.77	0.077	–	0.0155	3.33	0.0155	1.3500	0.3093	-0.48	0.0113	0.2980	-0.923	88.61	1484	33

图 1-4　2024 年 11 月 7 日科创 50ETF 期权 T 型报价图

延　伸

在期权中除 Delta 这个希腊字母外，还有几个希腊字母，这些希腊字母要怎么用？详见第 2 章第 32 个细节。

5. 如何用手机看隐含波动率指数

情 境

我们有时候没在电脑前，但又想看看期权的隐含波动率指数，该怎么办呢？通过哪种手机版的股票期权交易软件能看到自己想要的信息？

细节分析

目前市场上有好几种手机版股票期权交易软件，包括期权宝、汇点和通达信版本等，如图 1-5 所示。目前只有通过期权宝期权交易软件（如图 1-6 所示）才能看到隐含波动率指数（不排除通过个别证券公司的汇点期权交易软件也能看到）。当然随着证券公司对手机版期权交易软件进行升级，相信很快也能在其他期权交易软件上看到隐含波动率指数。如果你所在的证券公司没有期权宝期权交易软件，也可以下载其他证券公司的手机版期权宝期权交易软件，这样就能随时随地看隐含波动率指数了。

图 1-5　手机版股票期权交易软件

图 1-6　手机版期权宝期权交易软件界面图

延　伸

目前还没发现通过哪家期货公司的手机版商品期权交易软件可以看到商品期权的隐含波动率指数，相信很快在期货公司的期权交易软件上也能看到隐含波动率指数。如果你发现哪家期货公司的手机版交易软件能看到隐含波动率指数，请给本书客服留言，万分感谢。

6. 期权自动拆单功能设置

情　境

投资者拟以对手价委托买入开仓 100 张沪深 300ETF 购 2 月 4000，为什么委托不了？

细节分析

当前上海证券交易所和深圳证券交易所的市价委托最大张数为 50 张，超过 50 张就提示"下单数量大于单笔委托上限。是否中止本次委托，进行拆单设置？"（如图 1-7 所示），所以要通过设置期权自动拆单功能才能实现委托超过 50 张的交易。下面来具体介绍这个细节，看看在期权宝期权交易软件中如何设置。首先登录期权交易账户，然后点击右上角的"设置"按钮，出现小对话框，再点击"委托设置"项，弹出图 1-8 所示对话框，勾选"期权拆单"复选框，最后点击"确定"按钮就设置完成了。

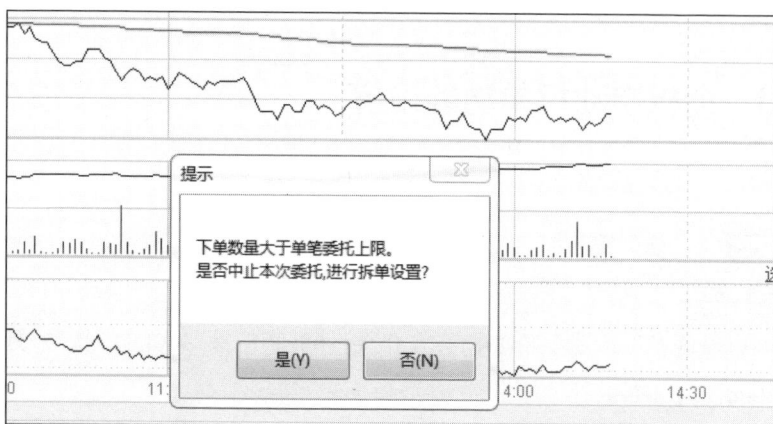

图 1-7 期权宝期权交易软件委托交易界面图

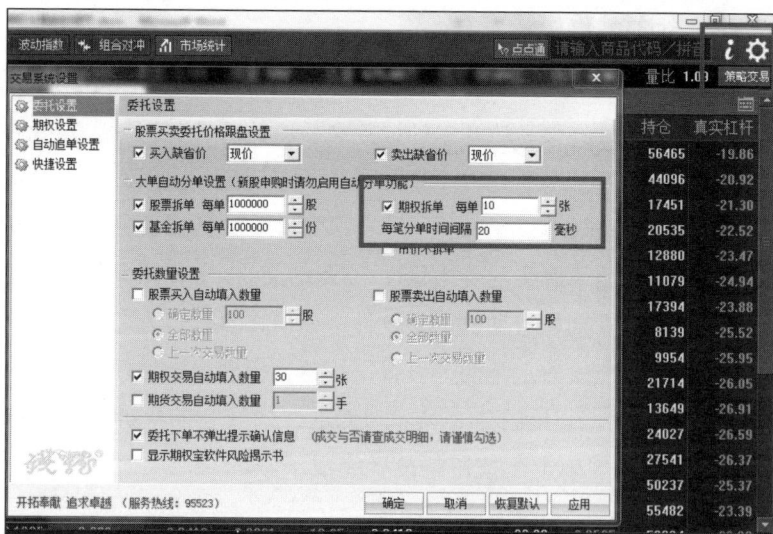

图 1-8 期权宝期权交易软件参数设置界面图

接下来，我们看一下在汇点期权交易软件中如何设置。首先登

录期权交易账户，点击交易界面右上角"交易业务菜单"按钮，然后点击"参数设置"按钮，弹出图 1-9 所示对话框，点击对话框左边"期权设置"项，再选择"自动拆单"选项卡，勾选"固定拆单"复选框，填写拆单张数，最后点击"确定"按钮就设置完成了。

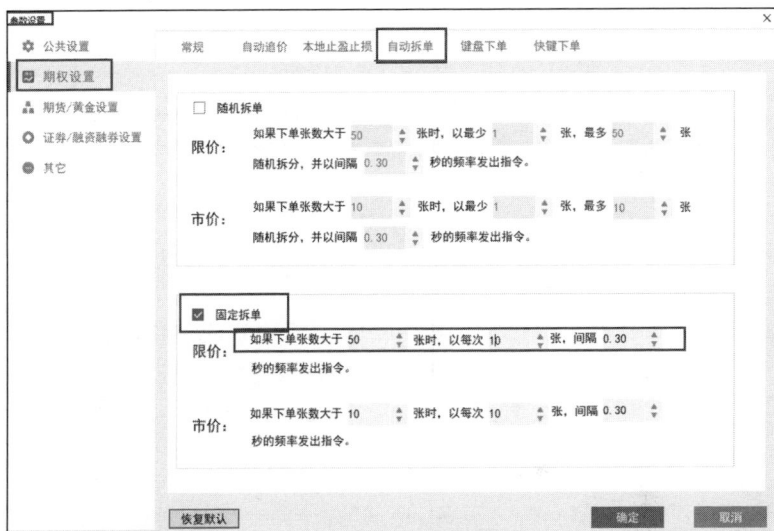

图 1-9　汇点期权交易软件参数设置界面图

最后，我们看一下在通达信期权交易软件中如何设置。首先登录期权交易账户，然后点击右下角"设置"按钮，弹出图 1-10 所示对话框，在"下单参数"栏填写拆单张数，最后点击"确定"按钮完成设置。

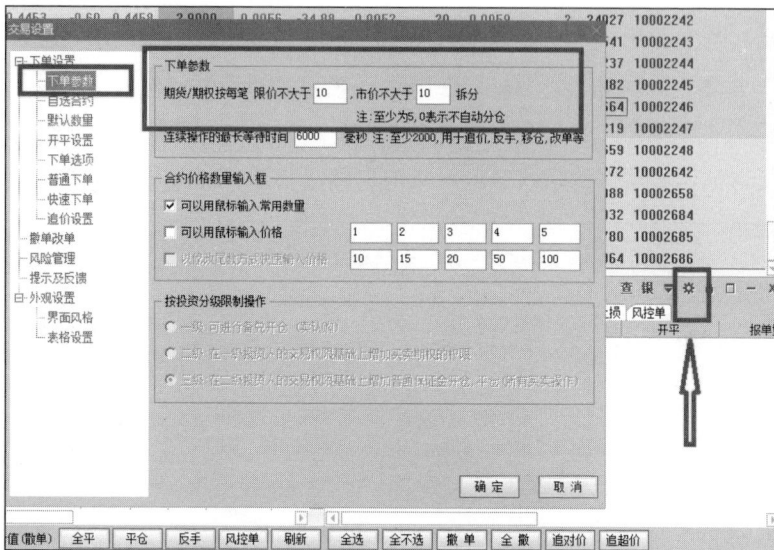

图 1-10　通达信期权交易软件设置图

延　伸

　　各个机构的手机版期权交易软件的拆单功能设置都不太一样，大家可以尝试自行设置，步骤、方法大同小异，这里就不一一展开讲了。

7. 交易软件的潜在漏洞

情　境

　　2025 年 1 月 5 日，当你打开某期货行情交易软件，点击"上交所期权"页面，查看"上证 50ETF"期权 T 型报价界面时，会发现没有显示上证 50ETF 分红除权后的期权合约（如图 1-11 所示），也就是一些行权价带"A"的期权合约没有显示，如"2.646A"，这该怎么解决？

红升比率	持仓量	Delta	当日涨幅率	内在价值	时间价值	涨幅额	涨跌	最新	看跌	行权价	看跌	最新	涨跌	涨幅额	时间价值	内在价值	隐含波动率	Delta	持仓量	红升比率
17.61	5151	0.8767	17.22%	0.1410	0.0090	13.46%	0.0234	0.1500	C	2.500	P	0.0070	0.0005	7.69%	0.0000	0.0000	20.56%	-0.1233	18620	377.29
24.96	3726	0.7736	16.89%	0.0910	0.0148	-18.30%	-0.0237	0.1058	C	2.550	P	0.0140	0.0022	18.64%	0.0140	0.0000	19.52%	-0.2264	23463	188.64
37.20	15398	0.6371	18.03%	0.0410	0.0300	-19.41%	-0.0171	0.0710	C	2.600	P	0.0280	0.0055	24.44%	0.0280	0.0000	19.54%	-0.3629	34804	94.32
62.14	47911	0.4834	17.87%	0.0000	0.0425	-24.11%	-0.0135	0.0425	C	2.650	P	0.0482	0.0087	22.03%	0.0392	0.0090	18.53%	-0.5166	73552	54.79
109.59	89897	0.3349	18.52%	0.0000	0.0241	-29.33%	-0.0100	0.0241	C	2.700	P	0.0799	0.0130	19.43%	0.0209	0.0590	19.50%	-0.6651	64033	33.05
187.30	120452	0.2105	19.63%	0.0000	0.0141	-31.88%	-0.0066	0.0141	C	2.750	P	0.1212	0.0197	18.94%	0.0147	0.1090	22.91%	-0.7894	51606	21.35
293.44	88221	0.1199	21.40%	0.0000	0.0090	-30.23%	-0.0039	0.0090	C	2.800	P	0.1699	0.0241	16.53%	0.0109	0.1590	26.21%	-0.3801	22796	15.54
419.21	58254	0.0618	23.55%	0.0000	0.0063	-21.25%	-0.0017	0.0063	C	2.850	P	0.2127	0.0207	10.78%	0.0053	0.2090	26.06%	-0.9382	7233	12.42
776.76	55675	0.0288	23.87%	0.0000	0.0034	-30.61%	-0.0015	0.0034	C	2.900	P	0.2615	0.0218	9.09%	0.0025	0.2590	29.02%	-0.9706	5199	10.10
943.21	62634	0.0122	26.72%	0.0000	0.0028	-30.00%	-0.0012	0.0028	C	2.950	P	0.3115	0.0231	8.01%	0.0025	0.3090	33.27%	-0.9880	3065	8.48

图 1-11　2025 年 1 月 5 日某期货行情交易软件 T 型报价图

细节分析

　　作为一款专业的期货交易软件，这样的漏洞确实不应该出现，当投资者准备交易时，极有可能因找不到这些合约而错失交易机会，造成经济损失。目前尚不清楚持仓界面是否仍显示这些带 A 的期权合约，如果不显示，投资者将无法准确掌握自身持仓情况，进而引发决策失误，带来严重经济损失。如果要看带 A 的期权合约，那么打开股权期权交易软件，比如汇点期权交易软件（如图 1-12 所示）或期权宝期权交易软件，就能解决这个漏洞了。

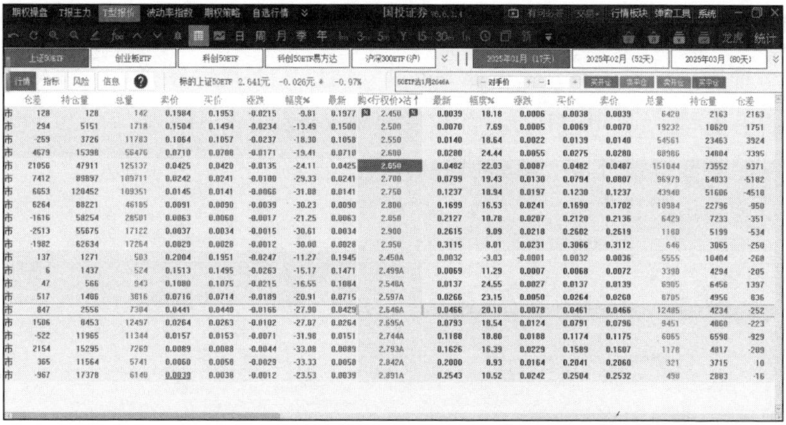

图 1-12　2025 年 1 月 5 日汇点期权交易软件 T 型报价图

延　伸

大部分期货期权交易软件都没有显示股票期权的行情，所以想要看股票期权的行情，还是得用股票期权交易软件。

8. 如何调整持仓表头的顺序

情　境

每次想看一看整个期权持仓的希腊字母值，总是要拉动滑行条才能看到，有没有更方便的查看方法呢？

细节分析

只要把希腊字母移到随时可以看到的地方，就可以很方便地查看了。只是不同的期权交易软件设置不同，我们先来看期权宝期权交易软件的设置。

登录电脑版期权宝期权交易软件账户后进入持仓界面，如图 1-13 所示，在"合约名称"上单击鼠标右键，在出现的菜单中选择"调整列序"，根据弹出对话框的按钮操作，想把哪个表头（比如 Delta）调到显眼的地方，将其前移到前面就可以了，如图 1-14 所示。

图 1-13　期权宝期权交易软件的持仓界面图

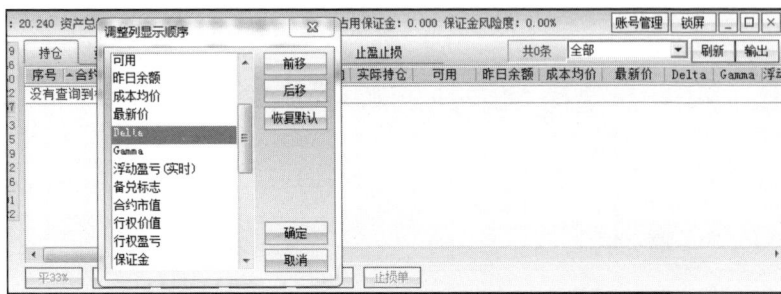

图 1-14 期权宝期权交易软件的调整列序界面图

接下来我们看一看在汇点期权交易软件中如何设置。

登录电脑版汇点期权交易软件账户后进入持仓界面，如图 1-15 所示，在"代码"列单击鼠标右键，在出现的菜单中选择"编辑表头"，根据弹出对话框的信息操作，想把哪个表头（比如 Delta）调到显眼的地方，将其移到前面就可以了，如图 1-16 所示。

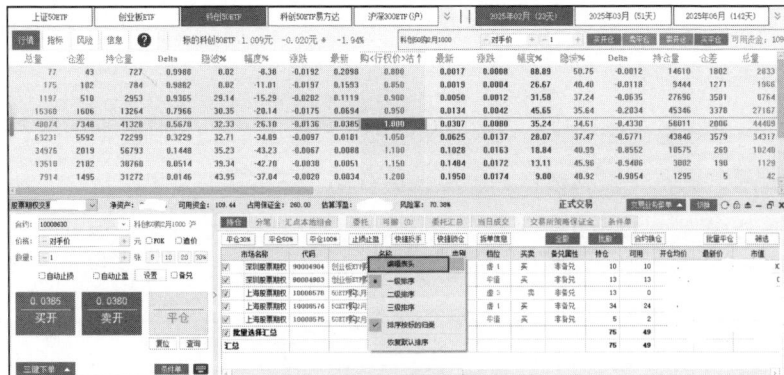

图 1-15 汇点期权交易软件的持仓界面图

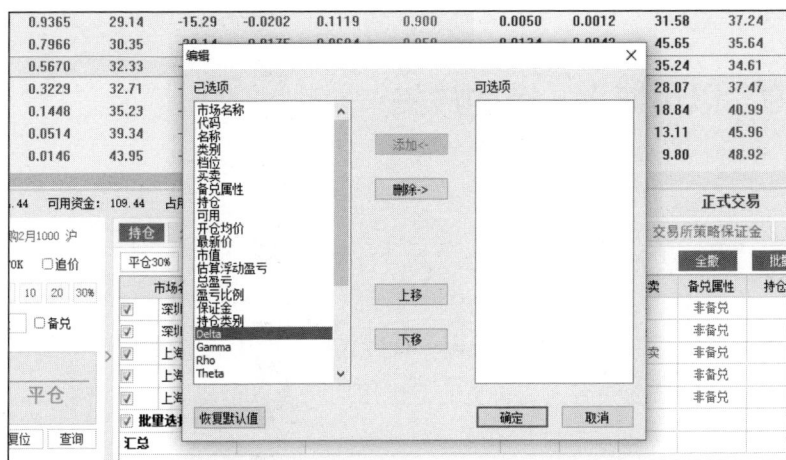

图 1-16　汇点期权交易软件的编辑表头界面图

延　伸

　　对于通达信期权交易软件和商品期权交易软件的设置，与上面介绍的步骤大同小异，大家自己研究一下即可。

9. 以小博大，有的放矢

情　境

虽然都说"期权收益无限，是穷人翻身的工具"，但是，如果用不对，则只会让穷人变得更穷。想用期权来以小博大，必须要有的放矢。

细节分析

为什么要有的放矢地以小博大呢？因为趋势行情不是经常到来的，一个期权品种一年可能只有那么 2~3 波大的趋势行情，错过了这些大行情，于其他时间进去以小博大都是不可取的，所以想要用期权以小博大，必须择时进场，做到有的放矢，才能有翻身的机会。另外，期权合约日内波动也很大，苹果期货 AP2412 在盘中突然大幅拉升，如图 1-17 所示。而苹果期货看涨期权 AP2412-C-6600 快跌没了的时候，突然又爆拉起来，从跌 90%左右到涨 190%左右，如图 1-18 所示，踩不准节奏也要亏损不少。所以我们既不能只想着暴富，又不能没有梦想，万一梦想实现了呢！虽然很难，但是耐心等待，并把标的的趋势研究分析透彻，还是有可能抓住行情的。

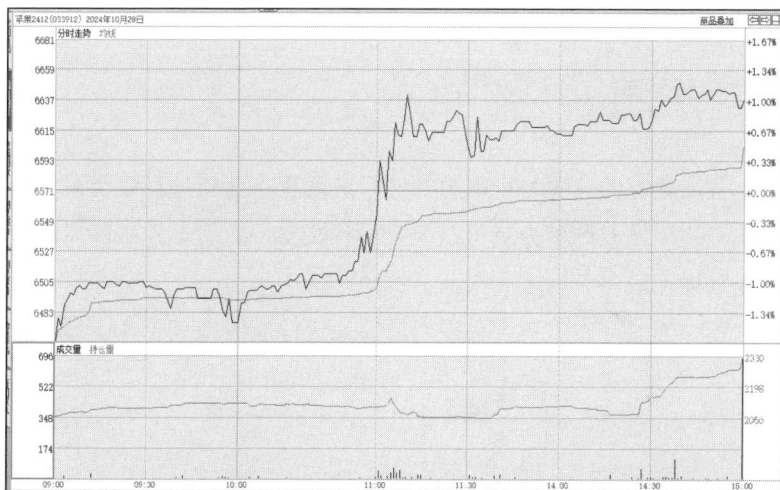

图 1-17 2024 年 10 月 29 日苹果期货 AP2412 分时趋势图

图 1-18 2024 年 10 月 29 日苹果期货看涨期权 AP2412-C-6600 分时走势图

延 伸

若不想有的放矢，也不想管住自己的手，那就选择以大博小的方式，使用期权的卖方就可以天天进行交易了，但要控制好风险，避免亏损无限。

10．一字之差，谬以千里

情　境

2024 年 11 月 27 日，11 月的第四个星期三，是沪深 300ETF 期权合约和上证 50ETF 期权合约的到期日，如图 1-19 所示。可能有些投资者会以为 11 月 20 日是 11 月份合约的到期日，为什么呢？

假期 ∨		2024年 ∨	‹	11月 ∨	›		今天

一	二	三	四	五	六	日
28 廿六	29 廿七	30 廿八	31 万圣节	1 万圣节	2 初二	3 初三
4 初四	5 初五	6 初六	7 立冬	8 记者节	9 初九	10 初十
11 十一	12 十二	13 十三	14 十四	15 下元节	16 十六	17 学生日
18 十八	19 十九	20 二十	21 廿一	22 小雪	23 廿三	24 廿四
25 廿五	26 廿六	27 廿七 到期日	28 感恩节	29 廿九	30 三十	1 初一

图 1-19　2024 年 11 月日历图

细节分析

2024 年 11 月的第一周没有星期三，是从星期五开始的，所以 11 月份沪深 300ETF 期权合约和上证 50ETF 期权合约的第一个星期

三是 11 月 6 日,第四个星期三是 11 月 27 日,这才是沪深 300ETF
期权合约和上证 50ETF 期权合约的到期日,差之毫厘,谬以千里,
这个小细节必须注意。11 月 7 日,沪深 300ETF 期权 11 月的合约还
剩 20 天到期,如图 1-20 所示。

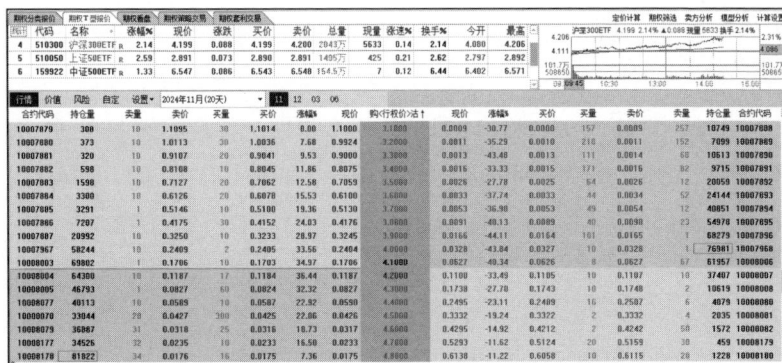

图 1-20　2024 年 11 月 7 日沪深 300ETF 期权 T 型报价图

延　伸

　　股指期权的到期日是每个月的第三个星期五,而不是每个月第
三周的星期五。

11. 两个沪深 300ETF 期权有什么区别

情　境

目前市场上有两个沪深 300ETF 期权，一个在上海证券交易所（简称上交所）交易，另一个在深圳证券交易所（简称深交所）交易，虽然它们都叫沪深 300ETF 期权，但还是有区别的。

细节分析

这两个沪深 300ETF 期权虽然跟踪的标的不一样，但是最终指向同一个沪深 300 指数（代码 000300），所以走势大同小异，只是在一些细节上有所不同，比如期权合约的行权标的不同（如表 1-1 所示），合约标的的价格不同（如图 1-21 所示），合约标的的分红除权数值和时间不同，期权合约的流动性不同，以及期权组合策略保证金制度不同等。

表 1-1　两个沪深 300ETF 期权的区别

名称	沪深 300ETF 期权（上交所）	沪深 300ETF 期权（深交所）
标的	华泰博瑞 300ETF	嘉实 300ETF
标的代码	510300.SH	159919.SZ

续表

名称	沪深 300ETF 期权（上交所）	沪深 300ETF 期权（深交所）
标的价格	4.030 元	4.135 元
分红数值	0.0690	0.0661
分红时间	2024 年 1 月 18 日	2025 年 3 月 31 日
流动性	很好	比较好

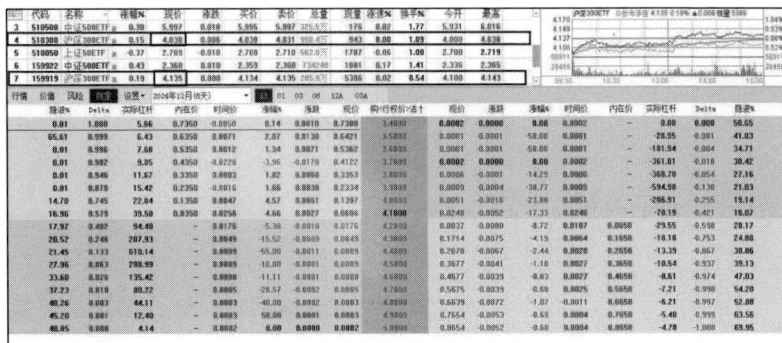

图 1-21　12 月 19 日沪深 300ETF 期权 T 型报价图

延　伸

沪深 300ETF 期权和沪深 300 股指期权有什么不同呢？具体看下面的分析。

12. 沪深 300ETF 期权和沪深 300 股指期权的差异

情 境

很多投资者在问，沪深 300ETF 期权和沪深 300 股指期权有什么区别？

细节分析

沪深 300ETF 期权和沪深 300 股指期权的主要区别如下。

（1）合约标的不同

沪深 300ETF 期权的标的为沪深 300ETF（代码 510300 或 159919）。

沪深 300 股指期权的标的为沪深 300 指数（代码 000300），而不是沪深 300 的股指期货（IF）。

因为沪深 300ETF 跟踪沪深 300 指数走势，所以两个期权标的的走势在形态上基本一致，但由于沪深 300ETF 存在除权除息和跟踪误差、申赎成本与效率等因素，所以沪深 300ETF 价格与沪深 300 指数存在差异。

（2）合约月份不同

沪深300ETF期权的合约月份包括当月、下月、当季月和隔季月。

沪深300股指期权的合约月份包括当月、下两个月和随后的三个季月。

（3）合约到期日不同

沪深300ETF期权的合约到期日为到期份的第四个星期三（遇法定节假日顺延）。

沪深300股指期权的合约到期日为到期月份的第三个星期五（遇法定节假日顺延）。

（4）行权价不同

沪深300ETF期权目前采用"4-1-4"的挂牌方式，即一个平值期权合约，确保至少有4个实值期权合约和4个虚值期权合约。

沪深300股指期权采用"1.0倍涨跌停幅度"的挂牌方式，即覆盖沪深300指数上一个交易日收盘价上下浮动10%对应的价格范围的期权合约。

（5）行权价间距不同

沪深300ETF期权的行权价通常在3~5元，行权价间距为每0.1元一档，如图1-22所示。当行权价在3元或3元以下时，行权价间距为0.05元一档。

沪深300股指期权的行权价通常在2500点至5000点之间，当月和下两个月的行权价间距为每50点一档，如图1-23所示，而随后的三个季月的行权价间距为每100点一档，等到变成当月和下两

个月合约时，再加挂行权价间距为每 50 点一档的期权合约。行权价通常在 5000 点至 10 000 点之间，当月和下两个月的行权价间距为每 100 点一档，而随后的三个季月的行权价间距为每 200 点一档，等到变成当月和下两个月合约时，再加挂行权价间距为每 100 点一档的期权合约。

标的 上证	300ETF2501	∨	合约名称	最新	涨跌	涨幅	成交量	成交额	开盘	最高	最低	昨收	期权成交量		
到期日 20250122（剩余4天）			沪深300ETF	3.898	0.013	0.33%	8476993	33.05亿	3.875	3.922	3.868	3.885	1525450		》期权趋势下单
			SH300VIX	---	0.00	0.00%	0	---	---	---	---	20.24	1525450		
			合成期货	---	0.000	0.00%	0	---	---	---	---	3.898	678202		

杠杆比率	持仓量	Delta	含波动率	内在价值	时间价值	涨幅缩	涨跌	最新	看涨	〈行权价〉	看跌	最新	涨跌	涨幅缩	时间价值	内在价值	含波动率	Delta	持仓量	杠杆比率
7.54	184	0.9087	83.45%	0.4980	0.0193	6.66%	0.0323	0.5173	C	3.400	P	0.0002	-0.0001	-33.33%	0.0002	0.0000	39.43%	-0.0031	2358	19490.00
9.82	468	1.0000	10.51%	0.3980	-0.001D	3.12%	0.0120	0.3970	C	3.500	P	0.0004	-0.0002	-50.00%	0.0004	0.0000	32.11%	-0.0058	11030	19490.00
13.08	1818	1.0000	4.69%	0.2980	0.0001	4.53%	0.0129	0.2979	C	3.600	P	0.0004	-0.0004	-50.00%	0.0004	0.0000	26.25%	-0.0085	1663	19490.00
19.56	5288	0.9914	17.22%	0.1980	0.0013	6.41%	0.0120	0.1993	C	3.700	P	0.0011	-0.0009	-45.00%	0.0011	0.0000	21.34%	-0.0270	3307B	3543.64
37.99	21395	0.8701	15.59%	0.0980	0.0046	9.97%	0.0093	0.1026	C	3.800	P	0.0060	-0.0037	-38.14%	0.0060	0.0000	18.00%	-0.1247	52023	649.67
123.75	53294	0.4984	15.91%	0.0000	0.0315	3.28%	0.0010	0.0315	C	3.900	P	0.0035	-0.0136	-34.83%	0.0035	0.0000	16.15%	-0.5155	50405	39.53
549.01	74174	0.1467	18.86%	0.0000	0.0071	-17.44%	-0.0015	0.0071	C	4.000	P	0.1085	-0.0180	-14.23%	0.0065	0.1020	19.43%	-0.8533	35034	35.93
1949.90	69043	0.0394	22.74%	0.0000	0.0020	-33.33%	-0.0010	0.0020	C	4.100	P	0.2000	-0.0186	-8.51%	0.0006	0.2020	19.43%	-0.9519	1629	33.45
4331.11	51407	0.0180	27.45%	0.0000	0.0009	-50.00%	-0.0009	0.0009	C	4.200	P	0.3009	-0.0157	-4.96%	-0.0011	0.3020	19.66%	-0.9984	9797	12.95
9745.00	38925	0.0075	31.14%	0.0000	0.0004	-42.86%	-0.0003	0.0004	C	4.300	P	0.4040	-0.0165	-3.90%	-0.0010	0.4020	42.23%	-1.0000	5138	9.74
19490.00	35021	0.0039	35.17%	0.0000	0.0002	-50.00%	-0.0002	0.0002	C	4.400	P	0.5028	-0.0129	-2.50%	0.0008	0.5020	46.67%	-0.9768	2029	7.75
19490.00	39827	0.0033	40.83%	0.0000	0.0002	-50.00%	-0.0002	0.0002	C	4.500	P	0.5989	-0.0191	-3.09%	-0.0031	0.6020	55.83%	-1.0000	1915	6.51

图 1-22　1 月 18 日沪深 300ETF 期权 T 型报价图

标的 沪深300	IO2002	∨	合约名称	最新	涨跌	涨幅	成交量	成交额	开盘	最高	最低	昨收	期权成交量		
到期日 20250221（剩余34天）			沪深300	3812.34	11.96	0.31%	1.27亿	2654.38亿	3788.37	3831.64	3780.21	3800.38	59352		》期权趋势下单
			300股指VIX	---	0.00	0.00%	0	---	---	---	---	20.40	59352		
			合成期货	---	0.00	0.00%	0	---	---	---	---	3812.62	50878		

杠杆比率	持仓量	Delta	含波动率	内在价值	时间价值	涨幅缩	涨跌	最新	看涨	〈行权价〉	看跌	最新	涨跌	涨幅缩	时间价值	内在价值	含波动率	Delta	持仓量	杠杆比率
9.10	34	0.9752	19.06%	412.3	6.5	4.02%	16.2	418.8	C	3400	P	6.4	-0.4	-5.88%	6.4	0.0	23.40%	-0.0536	804	595.68
10.19	35	0.9363	21.60%	362.3	11.7	5.47%	19.4	374.0	C	3450	P	8.0	-0.6	-6.98%	8.0	0.0	22.14%	-0.0683	702	476.54
11.73	208	0.9231	19.79%	312.3	12.7	5.52%	17.0	325.0	C	3500	P	10.6	-1.0	-8.62%	10.6	0.0	21.17%	-0.0905	1281	359.65
13.80	102	0.9075	17.80%	262.3	14.0	5.34%	14.0	276.2	C	3550	P	14.0	-0.4	-2.67%	14.6	0.0	20.31%	-0.1212	878	261.12
16.31	293	0.8532	18.25%	212.3	21.5	7.15%	15.6	233.8	C	3600	P	20.0	-1.4	-6.54%	20.0	0.0	19.22%	-0.1586	1431	190.62
20.00	352	0.8036	17.22%	162.3	28.3	8.67%	15.2	190.6	C	3650	P	27.6	-2.4	-8.00%	27.6	0.0	18.59%	-0.2132	1255	138.13
25.08	1111	0.7267	17.22%	112.3	45.5	12.90%	13.4	152.0	C	3700	P	39.8	-2.8	-6.57%	39.8	0.0	18.33%	-0.2845	969	95.79
31.98	1250	0.6386	17.22%	62.3	56.9	11.82%	12.6	119.2	C	3750	P	56.8	-2.6	-4.38%	56.8	0.0	18.16%	-0.3673	2216	67.12
42.27	4279	0.5437	17.22%	17.7	77.9	11.36%	9.7	90.2	C	3800	P	78.0	-5.0	-6.02%	78.0	0.0	18.16%	-0.4574	4402	48.88
54.00	2114	0.4501	17.84%	0.0	70.6	14.61%	9.0	70.6	C	3850	P	106.6	-7.0	-6.16%	68.9	37.7	18.45%	-0.5476	1635	35.76
70.60	4363	0.3677	18.64%	0.0	54.0	16.88%	7.8	54.0	C	3900	P	139.2	-11.4	-7.57%	51.5	87.7	18.95%	-0.6299	1555	27.39
92.98	1543	0.2965	19.31%	0.0	41.0	17.14%	6.0	41.0	C	3950	P	177.2	-12.6	-6.64%	39.5	137.7	20.07%	-0.6949	625	21.51
113.46	4697	0.2392	20.14%	0.0	33.6	14.29%	4.2	33.6	C	4000	P	220.0	-11.4	-4.76%	32.3	187.7	21.34%	-0.7470	833	17.33
146.63	1264	0.1893	20.66%	0.0	27.0	15.38%	3.6	27.0	C	4050	P	262.0	-13.6	-4.93%	24.3	237.7	23.06%	-0.7965	341	14.55
183.29	2069	0.1567	21.84%	0.0	20.8	11.83%	2.2	20.8	C	4100	P	306.6	-14.0	-4.37%	18.9	287.7	23.06%	-0.8292	327	12.43
226.93	634	0.1271	22.65%	0.0	16.8	12.00%	1.8	16.8	C	4150	P	340.4	-27.0	-7.35%	2.7	337.7	18.71%	-0.9184	116	11.20

图 1-23　1 月 18 日沪深 300 股指期权 T 型报价图

（6）最小报价单位不同

沪深 300ETF 期权的报价单位为 "元"，交易时盘口的最小报价

单位为 0.0001 元。

沪深 300 股指期权的报价单位为"点"，交易时盘口的最小报价单位为 0.2 点。

（7）合约规格的不同

沪深 300ETF 期权的合约规格为 10 000 份/张，即乘数为 10 000。

沪深 300 股指期权的合约规格为每点 100 元，即乘数为 100。

（8）交割方式不同

沪深 300ETF 期权为实物交割，期权合约到期后行权得到对应的沪深 300ETF 基金份额。

沪深 300 股指期权为现金交割，期权合约到期后行权是现金轧差交收，不是实物交割。

（9）组合策略保证金制度不同

沪深 300ETF 期权有组合策略保证金制度，资金利用率更高。

沪深 300 股指期权暂时没有组合策略保证金制度。

最后，再总结一下，沪深 300ETF 期权单张的金额更小，10 张的金额才等于 1 张沪深 300 股指期权的金额，流动性更好，有组合保证金制度，资金利用率更高。而沪深 300 股指期权行权价间距更小，合约更多，行权交割更方便，到期日更早。

延　伸

两个沪深 300ETF 期权有什么不同呢？具体看上一节的分析。

13. 五花八门的期权到期日

情　境

目前市场上几个交易所的期权合约到期日五花八门，具体是怎样的？

细节分析

目前市场上有 8 个交易所，每个交易所的期权合约到期日有的一样，有的不一样。到期日对期权交易非常重要，如果因忘记到期日而忘记行权或被行权，有时会导致损失很大，所以必须记住这些交易所的到期日，具体如下。

上海证券交易所：到期月份的第四个星期三（遇法定节假日顺延）。

深圳证券交易所：到期月份的第四个星期三（遇法定节假日顺延）。

中国金融期货交易所：到期月份的第三个星期五（遇法定节假日顺延）。

郑州商品交易所规则 1：标的期货合约交割月份前 1 个月的第 15 个日历日之前（含该日）的倒数第 3 个交易，以及交易所规定的其他日期（除了苹果、红枣和对二甲苯的品种）。

郑州商品交易所规则 2：标的期货合约交割月份前两个月最后一个日历日之前（含该日）的倒数第 3 个交易日，以及交易所规定的其他日期（苹果、红枣和对二甲苯）。

大连商品交易所：标的期货合约交割月份前 1 个月的第 12 个交易日，以及交易所规定的其他日期。

广州期货交易所：标的期货合约交割月份前 1 个月的第 5 个交易日，以及交易所规定的其他日期。

上海期货交易所：标的期货合约交割月份前 1 个月的倒数第 5 个交易日，以及交易所规定的其他日期。

上海国际能源交易中心：标的期货合约交割月份前 1 个月倒数第 13 个交易日，以及交易所规定的其他日期。

还有一种看每个交易所的期权合约到期日的方法，就是直接在交易软件上看。以期货行情交易软件文华 wh6 为例，黄金期货 au2504 期权合约到期日是 2025 年 3 月 25 日（剩余 5 天），如图 1-24 所示，当你选择想看的期权品种后，行情交易软件就显示出来了，非常方便，其他期权交易软件也可以这样看，这里就不展开叙述了。

合约名称	最新	涨跌	涨幅	成交量	持仓量	日增仓	开盘	最高	最新	昨收	期权成交量
沪金2504	708.54	3.92	0.56%	152041	53822	-1727	705.72	710.12	703.12	707.34	94632
沪金VIX	16.54	-0.82	-4.73%	106620	142457	-737	16.98	17.00	16.39	17.00	106620

标的 沪金 au2504　到期日 20250325（剩余X天）　　》期权趋势下单

持仓量	日增仓	Delta	隐含波动率	内在价值	时间价值	涨幅	涨跌	最新	看涨 〈行权价〉 看跌	最新	涨跌	涨幅	时间价值	内在价值	隐含波动率	Delta	日增仓	持仓量
93	0	1.0000	0.00%	84.54	-3.92	0.00%	0.00	---	C 624 P	0.04	0.02	100.00%	0.04	0.00	37.33%	-0.0035	25	1867
121	0	1.0000	0.00%	76.54	-3.92	0.00%	0.00	---	C 632 P	0.06	0.02	200.00%	0.06	0.00	35.86%	-0.0059	-120	2520
552	0	1.0000	10.58%	68.54	0.22	6.41%	4.14	68.76	C 640 P	0.08	0.06	300.00%	0.08	0.00	33.17%	-0.0075	-65	5037
548	-19	1.0000	14.63%	60.54	-0.06	6.82%	3.86	60.48	C 648 P	0.04	0.02	100.00%	0.04	0.00	27.35%	-0.0050	-385	2083
178	-4	0.9198	43.80%	52.54	1.44	11.02%	5.36	53.98	C 656 P	0.04	0.02	200.00%	0.04	0.00	25.25%	-0.0079	-707	2780
317	1	0.9814	24.58%	44.54	-0.22	8.95%	3.64	44.32	C 664 P	0.08	0.02	33.33%	0.08	0.00	22.29%	-0.0109	-727	4560
508	-67	0.9951	16.19%	36.54	0.02	11.33%	3.72	36.54	C 672 P	0.10	-0.14	-58.33%	0.10	0.00	19.48%	-0.0162	-49	4948
2204	-27	0.9757	16.40%	28.54	0.14	13.27%	3.36	28.68	C 680 P	0.22	-0.48	-68.57%	0.22	0.00	17.68%	-0.0332	192	5396
1946	-21	0.9407	14.82%	20.54	0.34	13.60%	2.50	20.88	C 688 P	0.44	-1.32	-75.00%	0.44	0.00	15.62%	-0.0693	58	3921
1679	-122	0.8424	14.05%	12.54	1.06	9.85%	1.22	13.60	C 696 P	1.14	-2.64	-69.84%	1.14	0.00	14.35%	-0.1629	434	4168
2600	-63	0.6549	12.88%	4.54	2.72	-4.97%	-0.38	7.26	C 704 P	2.88	-4.14	-58.97%	2.88	0.00	13.44%	-0.3509	396	2065
2355	358	0.3903	13.24%	0.00	3.32	-22.07%	-0.94	3.32	C 712 P	6.82	-4.82	-41.41%	3.36	3.46	13.33%	-0.6087	213	589
2367	140	0.1807	13.58%	0.00	1.24	-41.51%	-0.88	1.24	C 720 P	12.46	-5.04	-28.80%	1.00	11.46	12.99%	-0.8388	7	139
1692	-94	0.0760	14.70%	0.00	0.46	-51.06%	-0.48	0.46	C 728 P	20.60	-3.70	-15.23%	1.14	19.46	18.95%	-0.8649	3	62
1096	-62	0.0355	16.44%	0.00	0.22	-38.89%	-0.14	0.22	C 736 P	33.14	1.40	4.41%	5.68	27.46	42.64%	-0.7471	6	42
4256	-454	0.0227	19.06%	0.00	0.14	16.67%	0.02	0.14	C 744 P	41.04	1.54	3.90%	5.58	35.46	48.61%	-0.7748	6	30
582	32	0.0118	20.47%	0.00	0.08	300.00%	0.06	0.08	C 752 P	43.56	-3.84	-8.10%	0.10	43.46	21.51%	-0.9845	14	79
479	3	0.0085	22.93%	0.00	0.06	200.00%	0.04	0.06	C 760 P	56.26	0.88	1.59%	4.80	51.46	57.03%	-0.8221	15	15
321	-47	0.0075	25.82%	0.00	0.06	200.00%	0.04	0.06	C 768 P	---	0.00	0.00%	3.92	59.46	0.00%	-1.0000		
884	-269	0.0067	28.62%	0.00	0.06	200.00%	0.04	0.06	C 776 P	---	0.00	0.00%	3.92	67.46	0.00%	-1.0000		
425	-5	0.0025	28.26%	0.00	0.02	0.00%	0.00	0.02	C 784 P	---	0.00	0.00%	3.92	75.46	0.00%	-1.0000		
1435	-9	0.0022	30.59%	0.00	0.02	0.00%	0.00	0.02	C 792 P	---	0.00	0.00%	3.92	83.46	0.00%	-1.0000	0	1

图 1-24　3 月 20 日黄金期货 au2504 期权 T 型报价图

延　伸

最好在一本台历上将每个月的到期日都标注好，这样就不会忘记期权合约的到期日了。

14. 行权价间距有章可循

情　境

期权的行权价间距非常多，差距也非常大，比如上证50ETF期权现在的行权价间距是 0.25 元，原油期权现在的行权价间距是 10 元，白糖期权现在的行权价间距是 100 元，而镍期权现在的行权价间距是 2000 元。那么这些行权价间距有没有规律可循呢？

细节分析

目前市场上几个交易所的行权价间距都不太一样，差别非常大，但是还是有一定的规律的，只是有一些细节不同而已。

期权标的价格在 0 元至 100 元之间的行权价间距的规律如表 1-2 所示。

表 1-2　期权标的价格在 0 元至 100 元之间的行权价间距的规律

期权标的的收盘价区间	行权价间距
3 元或以下	0.05 元
3 元至 5 元（含）	0.1 元

续表

期权标的收盘价区间	行权价间距
5 元至 10 元（含）	0.25 元
10 元至 20 元（含）	0.5 元
20 元至 50 元（含）	1 元
50 元至 100 元（含）	2.5 元
100 元以上	5 元

ETF 期权的行权价间距以这个规律为主。

期权标的价格在 100 元以上的行权价间距的规律如表 1-3 所示。

表 1-3　期权标的的价格在 100 元以上的行权价间距的规律

期权标的收盘价区间	行权价间距
500 元以下	5 元/吨
500 元至 1000 元（含）	10 元/吨
1000 元至 2000 元（含）	20 元/吨
2000 元至 2500 元（含）	25 元/吨（点）
2500 元至 5000 元（含）	50 元/吨（点）
5000 元至 10 000 元（含）	100 元/吨（点）
10 000 元至 25 000 元（含）	200 元/吨
25 000 元至 50 000 元（含）	500 元/吨
50 000 元至 100 000 元（含）	1000 元/吨
100 000 元至 200 000 元（含）	2000 元/吨
200 000 元以上	5000 元/吨

大部分的商品期权和股指期权的行权价间距以这个规律为主。只是个别品种有些细节不同，比如黄金期权的行权价在 400 元/克以上时，行权价间距为 8 元/克；原木期权的行权价≤2000 元/立方米时，行权价间距为 25 元/立方米；玉米期权的行权价在 2000 元/吨至 3000 元/吨时，行权价间距为 20 元/吨。还有几个品种的行权价间距没在这个规律里，这里就不一一举例了，大家交易时留意一下即可。

表格里的行权价间距基本上是以期权标的的价格乘以 2%左右来设定的，所以我们在交易时，如果行权价间距太窄，比如行权价间距是期权标的的价格乘以 1%左右（玉米期权，如图 1-25 所示），我们在选择虚值一档行权价的期权合约时，就要跳一档选择虚值二档行权价的期权合约；如果行权价间距太宽，比如行权价间距是期权标的的价格乘以 5%左右（科创 50ETF 期权，如图 1-26 所示），我们在选择虚值一档行权价的期权合约时，就要低一档选择平值行权价的期权合约。

图 1-25　1 月 30 日玉米期权 T 型报价图

标的 上证 [科创50ETF72502 ▾]	合约名称	最新	涨跌	涨幅%	成交量	成交额	开盘	最高	最低	昨收	期权成交量	>>期权趋势下单
到期日 20250226（剩余27天）	科创50ETF	1.009	-0.020	-1.94%	33579320	0	1.030	1.030	1.008	1.029	—	
	科创50ETFVIX	33.70	0.84	2.55%	437975	0	35.14	35.89	33.41	33.19	—	
	合成期货	1.008	-0.021	-2.02%	953	0	1.030	1.030	1.006	1.029		

杠杆比率	持仓量	Delta	合约波动率	内在价值	时间价值	涨幅%	涨跌	最新	看涨	<行权价>	看跌	最新	涨跌	涨幅%	时间价值	内在价值	合约波动率	Delta	持仓量	杠杆比率
4.81	706	0.9830	40.08%	0.2090	0.0008	-8.38%	-0.0192	0.2098	C	0.800	P	0.0017	0.0008	88.89%	0.0017	0.0000	45.97%	-0.0312	14317	593.53
6.33	732	0.9919	25.84%	0.1590	0.0003	-11.01%	-0.0197	0.1593	C	0.850	P	0.0019	0.0004	26.67%	0.0019	0.0000	36.49%	-0.0419	9351	531.05
9.02	2750	0.9292	28.63%	0.1090	0.0029	-15.29%	-0.0202	0.1119	C	0.900	P	0.0050	0.0012	31.58%	0.0050	0.0000	33.60%	-0.1029	26884	201.80
14.54	12199	0.7905	28.31%	0.0590	0.0104	-20.14%	-0.0175	0.0694	C	0.950	P	0.0134	0.0042	45.65%	0.0134	0.0000	32.03%	-0.2346	44175	75.30
26.21	39562	0.5655	29.67%	0.0090	0.0295	-26.10%	-0.0136	0.0385	C	1.000	P	0.0307	0.0080	35.24%	0.0307	0.0000	31.12%	-0.4376	54626	32.87
55.75	69794	0.3388	30.04%	0.0000	0.0181	-34.89%	-0.0097	0.0181	C	1.050	P	0.0625	0.0137	28.07%	0.0215	0.0410	33.70%	-0.6409	41948	16.14
114.66	55433	0.1875	32.45%	0.0000	0.0067	-43.23%	-0.0067	0.0088	C	1.100	P	0.1028	0.0163	18.84%	0.0118	0.0910	36.71%	-0.7802	9892	9.82
197.84	37555	0.1076	35.70%	0.0000	0.0051	-42.70%	-0.0038	0.0051	C	1.150	P	0.1484	0.0172	13.11%	0.0074	0.1410	40.33%	-0.8610	2767	6.80
296.76	30112	0.0710	40.09%	0.0000	0.0034	-37.04%	-0.0020	0.0034	C	1.200	P	0.1950	0.0174	9.80%	0.0040	0.1910	42.67%	-0.9151	1280	5.17
420.42	20452	0.0486	43.94%	0.0000	0.0024	-36.84%	-0.0014	0.0024	C	1.250	P	0.2439	0.0188	8.35%	0.0029	0.2410	47.01%	-0.9385	912	4.14
531.05	47711	0.0363	48.07%	0.0000	0.0019	-29.63%	-0.0008	0.0019	C	1.300	P	0.2866	0.0129	4.71%	-0.0044	0.2910	57.57%	-0.9298	831	3.52

上证50ETF 上证300ETF 上证500ETF 科创50ETF 科创50ETF易方达

图1-26 1月30日科创50ETF期权T型报价图

延 伸

大连商品交易所的期权行权价间距还有特别的规定，它是按照"近密远疏"原则进行调整的，具体规律：近6个自然月对应的期权合约按照现有行权价间距进行挂牌。远月期权合约从第7个月及随后自然月对应的期权合约按照2倍于现有行权价间距进行挂牌。

中国金融期货交易所对随后三个季月的期权合约的行权价间距按照当月期权合约的2倍行权价间距进行挂牌。

15. 期权合约乘数相差一万倍

情 境

期权合约的乘数太乱了，有的期权合约的乘数是 1，有的期权合约的乘数是 10 000，那么期权合约的乘数有什么作用呢？

细节分析

期权合约乘数的作用非常大，别看有的期权合约的价格只有 0.0700 元/张，低得惊人，让人以为 7 分钱可以买 1 张，实际上买 1 张要 700 元。这就是期权合约乘数的作用，它会放大期权合约的交易金额，这样一来就提高了交易效率。如果忽略了这个细节，那么极有可能造成严重损失。还有，目前市场上期权品种丰富，不同期权品种对应的合约乘数不尽相同，系统记忆颇具难度，所以笔者整理了表 1-4 供读者参考。

表 1-4　期权合约乘数表

期权品种	合约乘数	期权品种	合约乘数
上证 50ETF 期权	10 000	豆粕期权	10
沪深 300ETF 期权	10 000	玉米期权	10

续表

期权品种	合约乘数	期权品种	合约乘数
中证 500ETF 期权	10 000	铁矿石期权	100
科创 50ETF 期权	10 000	液化石油气期权	20
创业板 ETF 期权	10 000	聚丙烯期权	5
上证 50 股指期权	100	聚氯乙烯期权（PVC）	5
沪深 300 股指期权	100	线型低密度聚乙烯期权（塑料）	5
中证 1000 股指期权	100	棕榈油期权	10
白糖期权	10	黄大豆 1 号期权	10
棉花期权	5	黄大豆 2 号期权	10
PTA 期权	5	淀粉期权	10
甲醇期权	10	乙二醇期权	10
菜籽粕期权	10	苯乙烯期权	5
动力煤期权	100	鸡蛋期权	5
菜籽油期权	10	生猪期权	16
花生期权	5	原木期权	90
对二甲苯期权	5	豆油期权	10
烧碱期权	30	铜期权	5
玻璃期权	20	铝期权	5
短纤期权	5	锌期权	5
瓶片期权	15	橡胶期权	10
纯碱期权	20	黄金期权	1000
尿素期权	20	铅期权	5

续表

期权品种	合约乘数	期权品种	合约乘数
锰硅期权	5	镍期权	1
硅铁期权	5	锡期权	1
苹果期权	10	氧化铝期权	20
红枣期权	10	螺纹钢期权	10
碳酸锂期权	1	白银期权	15
工业硅期权	5	合成橡胶期权	5
多晶硅期权	3	原油期权	1000
铸造铝合金期权	10		

延 伸

还有一种方法可以看到商品期权的合约乘数，这样就不用特意去记了。登录文华 wh6 期货行情交易软件的交易账户后，进入期权 T 型报价界面，选择要交易的期权合约后，在交易界面中可以看到图 1-27 所示界面，图中有显示期权合约的交易乘数，比如多晶硅看涨期权合约 PS2506-C-44000，交易界面下方显示"多晶硅期权 每手 3 吨"，这样用户在交易时就能随时知道合约乘数是多少了。

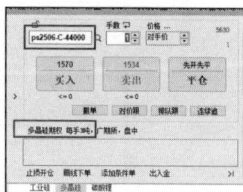

图 1-27　期权账户交易界面

16．卖方真的亏损无限吗

情　境

　　理论上说期权的卖方（义务方）亏损无限，盈利有限，无论是认购期权的卖方（如图 1-28 所示），还是认沽期权的卖方（如图 1-29 所示）。真的是这样吗？

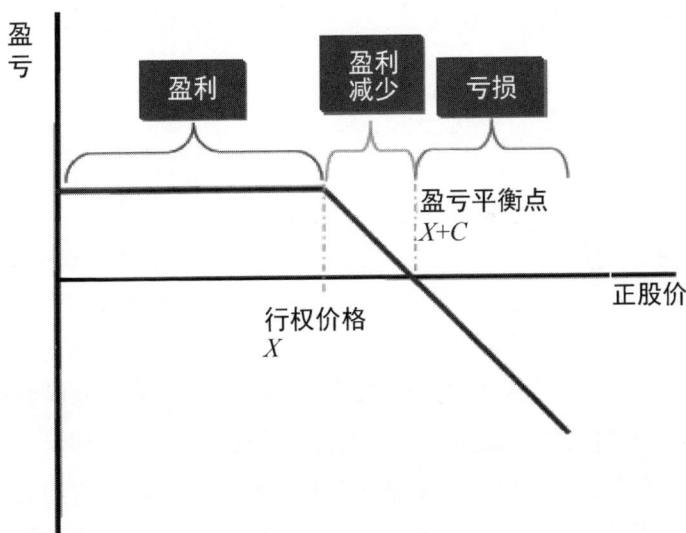

图 1-28　认购期权的卖方盈亏图

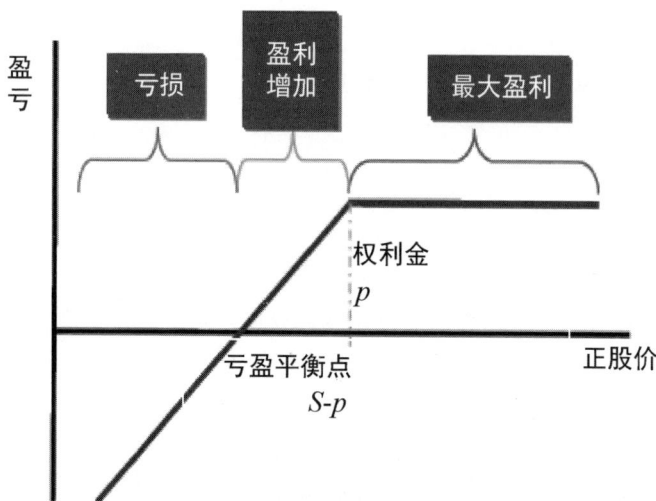

图 1-29　认沽期权的卖方盈亏图

细节分析

期权的卖方（义务方）亏损无限，盈利有限，这肯定是真的。其实，股票和期货理论上也是亏损无限的，所以不用特意强调期权卖方，把期权卖方妖魔化。只是我们要关注一个细节，那就是仓位问题。股票是需要 100% 的资金交易的，没有杠杆，而期货和期权卖方是采用保证金制度交易的，有一定的杠杆，如果还是像做股票交易那样把 100% 的资金来做期权的卖方，就相当于加了几倍的仓位，亏损的时候也是按照几倍的速度亏损的，这样可能很快就会亏完，风险很大，所以问题就出在仓位管理上。假如在 2025 年 1 月 23 日

买入开仓 10 000 股沪深 300ETF 股票，大概需要资金 39 000 元，而卖出开仓 1 张认沽期权沪深 300ETF 沽 2 月 3800（1 张期权对应 10 000 股股票，如图 1-30 所示），市值是 454 元，所需要的资金大概为 4500 元，大概只用了 1/10 的杠杆，还有 34 500 元不需要占用，而如果投资者把这 34500 元都拿来做期权的卖方，就相当于加了大约 6 倍仓位，这样盈亏就放大了，风险也加大了。所以，按照不加杠杆的情况做期权的卖方，风险比股票和期货低很多，因为期权的卖方是降杠杆的交易，大概只用了 1/10 的杠杆，而且期权的卖方还能赚点时间价值，减少点亏损。

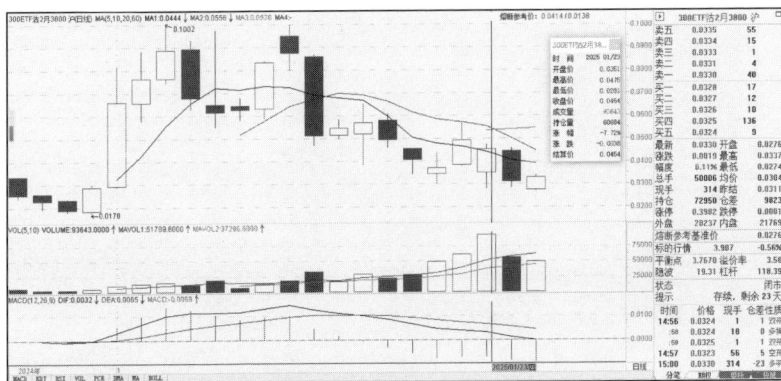

图 1-30　认沽期权沪深 300ETF 沽 2 月 3800 的日 K 线图

其实，对于商品期货的卖方而言，商品期权的卖方比它的风险低很多。假如我们拿 39 000 元当保证金来做商品期货，那么投资者拿到的商品期货的市值大概为 390 000 元（假设保证金为 10%），加了 10 倍杠杆。而如果我们拿 39 000 元当保证金来做期权卖方，那么投资者拿到的期权市值大概为 3900 元，是降杠杆的交易，大概只

有 1/10 倍杠杆，这比商品期货的卖方风险低多了。所以，期权卖方在控制好仓位的前提下，风险就没那么大，不要怕做期权卖方，反而要敢于去做。

延 伸

期权的买方盈利无限，亏损有限，但也不能把它妖魔化，因为期权的买方虽然亏损有限，但是会经常亏损。

17．上交所和深交所的期权组合策略保证金有什么差别

情　境

上海证券交易所和深圳证券交易所都推出了股票期权组合策略保证金，它们有哪些细节上的差别呢？

细节分析

通过期权组合策略保证金可以减少资金占用，大大提高资金的使用率，使期权合约的价格更加合理。期权组合策略保证金可以说是一把双刃剑，用得好能够事半功倍，用得不好会让亏损加倍。我们来对比一下两个交易所的期权组合策略保证金有什么差别。

其实两个交易所的期权组合策略保证金除两个细节不一样外，其他基本上都一样。第一，操作期权组合策略保证金在时间上有所不同，上海证券交易所的操作时间为每个交易日 9:30～11:30、13:00～15:15，而深圳证券交易所的操作时间为每个交易日 9:15～9:25、9:30～11:30、13:00～15:15。第二，备兑开仓的操作过程有细微差别，上海证券交易所的备兑组合策略保证金操作时，要先锁券再备兑开仓，平仓时，需先解锁再平仓。而深圳证券交易所的备兑

组合策略保证金操作、开仓和平仓时，均是自动锁券和解锁的，仅一步操作即可完成。

上海证券交易所和深圳证券交易所期权组合策略保证金简表如表 1-5 所示。

表 1-5 上海证券交易所和深圳证券交易所期权组合策略保证金简表

组合策略代码	组合策略名称	组合策略说明	保证金收取标准	自动解除组合时间
CNSJC	认购牛市价差策略	由一个认购期权权利仓与一个相同合约标的、相同到期日、相同合约单位的认购期权义务仓组成，其中义务仓的行权价高于权利仓的行权价	0	E-2 日日终
CXSJC	认购熊市价差策略	由一个认购期权权利仓与一个相同合约标的、相同到期日、相同合约单位的认购期权义务仓组成，其中义务仓的行权价低于权利仓的行权价	（认购期权权利仓行权价-认购期权义务仓行权价）×合约单位	E-2 日日终
PNSJC	认沽牛市价差策略	由一个认沽期权权利仓与一个相同合约标的、相同到期日、相同合约单位的认沽期权义务仓组成，其中义务仓的行权价高于权利仓的行权价	（认沽期权义务仓行权价-认沽期权权利仓行权价）×合约单位	E-2 日日终
PXSJC	认沽熊市价差策略	由一个认沽期权权利仓与一个相同合约标的、相同到期日、相同合约单位的认沽期权义务仓组成，其中义务仓的行权价低于权利仓的行权价	0	E-2 日日终

续表

组合策略代码	组合策略名称	组合策略说明	保证金收取标准	自动解除组合时间
KS	跨式空头策略	由一个认购期权义务仓与一个相同合约标的、相同到期日、相同合约单位、相同行权价的认沽期权义务仓组成	Max（认购期权开仓保证金，认沽期权开仓保证金）+开仓保证金较低的成分合约前结算价×合约单位	E日日终
KKS	宽跨式空头策略	由一个较高行权价的认购期权义务仓与一个相同合约标的、相同到期日、相同合约单位、较低行权价的认沽期权义务仓组成	Max（认购期权维持保证金，认沽期权维持保证金）+维持保证金较低的成分合约结算价×合约单位	E日日终

以上内容如有变动，则以上海证券交易所和深圳证券交易所最新公布的文件为准。

延 伸

关于商品期货期权组合策略保证金对比，将在下面介绍。

18. 几个期货交易所的期权组合策略保证金有什么差别

情 境

几个期货交易所（大连商品交易所、郑州商品交易所、上海期货交易所、广州期货交易所、上海国际能源交易中心和中国金融期货交易所）有没有推出期权组合策略保证金？它们有哪些细节上的差别？

细节分析

目前大连商品交易所、郑州商品交易所和广州期货交易所已经推出期权组合策略保证金业务，而上海期货交易所、上海国际能源交易中心和中国金融期货交易所暂时没有推出期权组合策略保证金业务，也许很快就会推出，估计与大连商品交易所的规则类似，我们拭目以待。接下来我们通过表 1-6 看看大连商品交易所、郑州商品交易所和广州期货交易所期权组合策略保证金规则。

表 1-6 大连商品交易所、郑州商品交易所和广州期货交易所期权组合策略
保证金规则

组合策略名称	组合策略说明	保证金收取标准	已开通交易所
卖出期权期货组合策略	卖出看涨期权,同时买入对应期货合约; 卖出看跌期权,同时卖出对应期货合约	期权权利金+期货保证金	大连商品交易所 郑州商品交易所 广州期货交易所
跨式期权空头策略	卖出同一系列的相同执行价格的看涨期权和看跌期权	Max（看涨期权保证金，看跌期权保证金）+另一方权利金	大连商品交易所 郑州商品交易所 广州期货交易所
宽跨式期权空头策略	卖出同一系列低执行价格的看跌期权和高执行价格的看涨期权	Max（看涨期权保证金，看跌期权保证金）+另一方权利金	大连商品交易所 郑州商品交易所 广州期货交易所
期权对锁	在同一期权品种同一系列同一合约上建立数量相等、方向相反的头寸	$X \times$ 卖期权保证金	大连商品交易所 郑州商品交易所 广州期货交易所
买入垂直价差策略	买进低执行价格的看涨期权,同时卖出相同期货合约的高执行价格的看涨期权; 买进高执行价格的看跌期权,同时卖出相同期货合约的低执行价格的看跌期权	$X \times$ 卖期权保证金	大连商品交易所 郑州商品交易所 广州期货交易所
卖出垂直价差策略	卖出低执行价格的看涨期权,同时买进相同期货合约的高执行价格的看涨期权; 卖出高执行价格的看跌期权,同时买进相同期货合约的低执行价格的看跌期权	Min(执行价格之差,空头期权保证金)	大连商品交易所 郑州商品交易所 广州期货交易所

组合策略 名称	组合策略 说明	保证金收取标准	已开通 交易所
买入期权期 货组合策略	买入看涨期权,同时卖出对 应期货合约; 买入看跌期权,同时买入对 应期货合约	$X \times$ 期货保证金	大连商品交易所 郑州商品交易所 广州期货交易所

需要注意的细节是,郑州商品交易所盘中按交易所套利指令下单的,自动收取单边保证金,非交易所套利指令下单的,结算后按单边收取。大连商品交易所和广州期货交易所盘中按交易所套利指令下单的,自动收取单边保证金;盘中向交易所发送组合申请,盘中收取单边保证金;结算时交易所自动将客户持仓进行组合,按单边保证金结算。

附上大连商品交易所期权组合保证金说明(节选),供大家详细学习一下。

大连商品交易所组合优惠参数及有关业务说明

自 2020 年 6 月 24 日结算时起,我所将新增期权对锁、买入垂直价差、卖出垂直价差和买入期权期货组合 4 类组合策略,届时,将支持共计 10 个期货及期权组合。组合优惠参数及有关业务具体说明如下:

一、组合优惠参数

表 1：组合策略及保证金收取标准参数

组合	组合策略类别	组合策略说明	保证金收取标准	X 值
1	期货对锁	在同一期货品种同一月份合约上建立数量相等、方向相反的头寸	高腿保证金	-
2	期货跨期	在同一期货品种的不同月份合约上建立数量相等、方向相反的头寸	高腿保证金	-
3	期货跨品种	在不同期货品种合约上建立数量相等、方向相反的头寸	高腿保证金	-
4	卖出期权期货组合	卖出看涨期权，同时买入对应期货合约；卖出看跌期权，同时卖出对应期货合约	期权权利金+期货保证金	-
5	期权跨式	卖出同一系列的相同执行价格的看涨期权和看跌期权	Max（看涨期权保证金，看跌期权保证金）+另一方权利金	-
6	期权宽跨式	卖出同一系列低执行价格的看跌期权和高执行价格的看涨期权	Max（看涨期权保证金，看跌期权保证金）+另一方权利金	-
7	期权对锁	在同一期权品种同一系列同一合约上建立数量相等、方向相反的头寸	X×卖期权保证金	0.20
8	买入垂直价差	买进低执行价格的看涨期权，同时卖出相同期货合约的高执行价格的看涨期权；买进高执行价格的看跌期权，同时卖出相同期货合约的低执行价格的看跌期权	X×卖期权保证金	0.20

续表

组合	组合策略 类别	组合策略说明	保证金收取标准	X值
9	卖出 垂直价差	卖出低执行价格的看涨期权，同时买进相同期货合约的高执行价格的看涨期权； 卖出高执行价格的看跌期权，同时买进相同期货合约的低执行价格的看跌期权	Min（执行价格之差，空头期权保证金）	-
10	买入期权 期货组合	买入看涨期权，同时卖出对应期货合约； 买入看跌期权，同时买入对应期货合约	X×期货保证金	0.80

以上内容如有变动，则以各个交易所最新公布的文件为准。

延　伸

上海证券交易所和深圳证券交易所的期权组合策略保证金业务在上一节已经介绍过了。

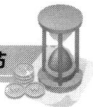

19. 为什么不交易黄金期货期权 5 月份的期权合约

情　境

2025 年 3 月 20 日，黄金商品期货期权 5 月份的期权合约如图 1-31 所示，不管哪个行权价的期权合约，交易量都几乎没有，持仓量也寥寥无几，这是怎么回事？

标的 沪金 au2505	合约名称	最新	涨跌	涨幅%	成交量	持仓量	日增仓	开盘	最高	最低	昨收	期权成交量	
到期日 20250424（剩余35天）	沪金2505	710.00	4.02	0.57%	1373	2133	14	708.12	711.30	702.32	708.58	328	>>期权趋势下单
	沪金VIX	16.54	-0.82	-4.73%	106620	142457	-737	16.98	17.00	16.39	17.00	106620	

持仓量	日增仓	Delta	隐含波动率	内在价值	时间价值	涨幅%	涨跌	最新	看涨	〈行权价〉	看跌	最新	涨跌	涨幅%	时间价值	内在价值	隐含波动率	Delta	日增仓	持仓量
—	—	1.0000	0.00%	70.00	-2.70	0.00%	0.00	—	C	640	P	0.88	-0.50	-36.23%	0.88	0.00	19.98%	-0.0454	36	120
—	—	0.9995	0.00%	62.00	-2.00	0.00%	0.00	—	C	648	P	—	0.00	0.00%	2.08	0.00	0.00%	-0.0017	0	2
—	—	0.9952	0.00%	54.00	-1.00	0.00%	0.00	—	C	656	P	—	0.00	0.00%	3.08	0.00	0.00%	-0.0057	0	4
—	—	0.9845	0.00%	46.00	0.34	0.00%	0.00	—	C	664	P	2.20	-2.20	-50.00%	2.20	0.00	17.90%	-0.1101	8	86
1	0	0.9605	0.00%	38.00	2.04	0.00%	0.00	—	C	672	P	3.02	-3.08	-50.49%	3.02	0.00	17.22%	-0.1472	16	29
—	—	0.9161	0.00%	30.00	4.16	0.00%	0.00	—	C	680	P	4.70	-3.52	-42.82%	4.70	0.00	17.63%	-0.2089	17	23
6	0	0.8438	0.00%	22.00	6.84	0.00%	0.00	—	C	688	P	5.96	-4.92	-45.22%	5.96	0.00	16.54%	-0.2626	1	1
5	0	0.7397	0.00%	14.00	10.02	0.00%	0.00	—	C	696	P	8.00	-6.04	-43.02%	8.00	0.00	15.75%	-0.3336	4	6
2	0	0.6111	0.00%	6.00	13.70	0.00%	0.00	—	C	704	P	—	0.00	0.00%	17.74	0.00	0.00%	-0.3878	0	6
15	-1	0.4779	12.35%	0.00	10.14	-36.39%	-5.80	10.14	C	712	P	—	0.00	0.00%	19.94	2.00	0.00%	-0.5285	0	8
5	0	0.3345	0.00%	0.00	12.70	0.00%	0.00	—	C	720	P	—	0.00	0.00%	16.72	10.00	0.00%	-0.6651	0	1
77	58	0.3277	16.89%	0.00	8.02	-19.80%	-1.98	8.02	C	728	P	—	0.00	0.00%	14.00	18.00	0.00%	-0.7818	—	—
—	—	0.1308	0.00%	0.00	7.76	0.00%	0.00	—	C	736	P	—	0.00	0.00%	11.74	26.00	0.00%	-0.8689	—	—
—	—	0.0715	0.00%	0.00	5.92	0.00%	0.00	—	C	744	P	—	0.00	0.00%	9.90	34.00	0.00%	-0.9284	—	—
—	—	0.0351	0.00%	0.00	4.44	0.00%	0.00	—	C	752	P	—	0.00	0.00%	8.42	42.00	0.00%	-0.9650	—	—
—	—	0.0160	0.00%	0.00	3.28	0.00%	0.00	—	C	760	P	—	0.00	0.00%	7.24	50.00	0.00%	-0.9845	—	—
—	—	0.0867	18.08%	0.00	1.52	-36.13%	-0.86	1.52	C	768	P	—	0.00	0.00%	6.34	58.00	0.00%	-0.9947	—	—
2	0	0.0024	0.00%	0.00	1.70	0.00%	0.00	—	C	776	P	—	0.00	0.00%	5.66	66.00	0.00%	-0.9989	—	—
3	0	0.0008	0.00%	0.00	1.20	0.00%	0.00	—	C	784	P	—	0.00	0.00%	5.16	74.00	0.00%	-1.0000	—	—
29	-1	0.0478	20.53%	0.00	0.90	7.14%	0.06	0.90	C	792	P	—	0.00	0.00%	4.78	82.00	0.00%	-1.0000	—	—
16	0	0.0371	21.03%	0.00	0.70	20.69%	0.12	0.70	C	800	P	—	0.00	0.00%	4.52	90.00	0.00%	-1.0000	—	—
31	14	0.0387	22.99%	0.00	0.76	100.00%	0.38	0.76	C	808	P	—	0.00	0.00%	4.32	98.00	0.00%	-1.0000	—	—

沪铜　沪金　沪铝　沪锌　沪铅　沪镍　沪锡　氧化铝　螺纹钢　沪银　橡胶　20号胶

图 1-31　2025 年 3 月 20 日黄金期货 2505 期权 T 型报价图

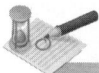

细节分析

商品期货中，一般 1、5、9 月份的合约都是主力月份合约，但

是黄金期货 5 月份的合约 AU2505 虽然是当月合约，但不是主力月份合约，主力月份的合约是 6 月份的合约 AU2506，所以黄金期货期权 5 月份的合约就不是主力月份的期权合约，也就没什么交易量，自然持仓量就寥寥无几了。投资者都在交易 6 月份的期权合约，这才是主力月份的合约，它的持仓量就比较多。1 月份合约也不是主力月份合约，持仓量寥寥无几。其实，对于黄金期货期权来说，双月份（如 2、4、6、8、10 和 12 月份）的期权合约通常具有更高的交易量和持仓量，这些合约被称为主力月份合约，而单月份的期权合约都不是主力月份合约，与传统的 1、5、9 月份的合约都是主力月份合约相比有点反常，这个细节大家要留意一下。

延 伸

很多商品期货期权主要交易的月份是 1、5、9 月份的合约，其他月份的持仓量都寥寥无几。随着期权的发展和做市商的引入，会发现原先不活跃的合约现在一点一点也变得活跃了，所以我们在交易时，要先看看该月份的持仓量如何，再看看自己的使用资金是否和成交量及持仓量匹配，然后考虑是否交易。

20. 切忌一条道走到黑

情　境

虽然说大趋势来时，期权的方向交易可能出现暴利，但是趋势行情出现的次数比较少，而且比较难把握，所以期权的方向交易不一定是条好道。期权交易除方向交易策略外，还有波动率交易策略、时间价值交易策略和无风险套利策略等，切忌一条道走到黑，而应该多条道走走。这就需要不断学习，练习从单一策略到复合策略，增加战斗成功概率，提高作战的战略高度，打赢期权战。

细节分析

期权是一种功能很强大的金融衍生品工具，它有很多种获利方式，比较常用的有方向获利方式、波动率获利方式、时间价值获利方式和低风险套利获利方式，如图 1-32 所示。不要只做一种获利方式，可以在多种获利方式中选择，感觉自己对哪种获利方式更有把握就选择哪种，不要一条道走到黑。条条大路通罗马，条条获利方式都通往盈利的终点。

图 1-32　期权获利方式

延　伸

推荐一本很不错的期权书:《52 种期权获利方式详解》,如图 1-33 所示,书中包括 6 大类的期权获利方式,总共 52 种获利方式供选择,涵盖了 22 个期权品种,汇总了 142 个期权经典案例。

图 1-33　图书推荐

第 **2** 章

期权实战中的细节

1. 期权合约一天涨 424 倍后收盘只剩 123 倍

情　境

2024 年 10 月 18 日，科创 50ETF（代码 588000）当天最高上涨 18.14%，该期权合约科创 50ETF 购 10 月 1300 从 0.0001 元，涨到最高价 0.0424 元，上涨至 424 倍，如图 2-1 所示。但是随着尾盘标的大幅回落，科创 50ETF 购 10 月 1300 收盘价只剩 0.0123 元，最终上涨至 123 倍，这有可能吗？

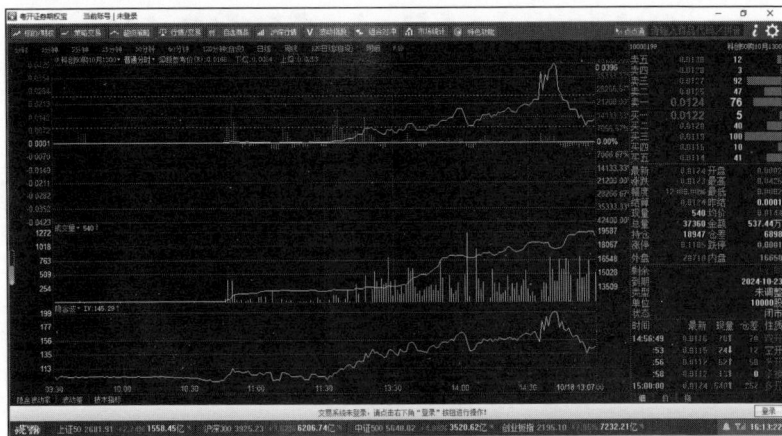

图 2-1　2024 年 10 月 18 日科创 50ETF 购 10 月 1300 分时走势图

细节分析

这是一个真实的案例，发生在 2024 年 10 月 18 日，科创 50ETF（代码 588000）当天最高上涨 18.14%，而期权合约科创 50ETF 购 10 月 1300 最高上涨至 424 倍，之后又回落，最终只涨至 123 倍。有几个因素刚好一起出现，从而发生了这样壮观的情景。那么这具体是由哪几个因素引起的呢？第一，科创 50ETF 当天最高暴涨 18.14%，历史罕见；第二，期权合约临近到期，10 月份的期权合约离到期日只剩 5 天的时间；第三，科创 50ETF 购 10 月 1300 上一个交易日的价格只有 0.0001 元，非常低。

最后，还有一个细节要补充一下，该合约上一个交易日的价格虽然是 0.0001 元，但是开仓和平仓的手续费假设总共要 0.0006 元，那么实际只盈利 17.57 倍，并非 123 倍。

虽然这是事实，但是它并不经常发生，所以我们不能老奔着 424 倍去交易，那样会吃大亏，切记！

延　伸

商品期货期权和股指期权也会出现一天涨几百倍的行情，这并不是股票期权特有的现象，只要期权的标的涨跌幅够大，就可能出现。

2. 期权价格为什么突然停止跳动

情 境

2024 年 11 月 7 日 14:12:53，期权合约上证 50ETF 购 11 月 3000 的价格突破停止了跳动，如图 2-2 所示，是网络断线了，还是期权交易软件出问题了？

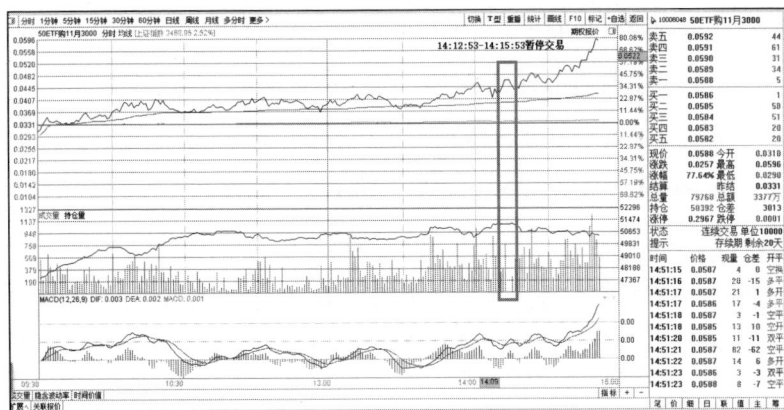

图 2-2　2024 年 11 月 7 日上证 50ETF 购 11 月 3000 分时图

细节分析

对于期权新手来说，经常会有上面的疑惑。但是，对于期权老

手来说，这就不是什么新鲜事了。这是期权合约盘中出现的临时集合竞价现象，当期权合约触发某个条件时，就会进行临时集合竞价，竞价时间为 3 分钟，之后进入连续竞价阶段，期权价格就恢复正常了。当然不排除还会出现下次临时集合竞价，只要触发了临时集合竞价的条件。所以，临时集合竞价出现的次数取决于标的价格的变动。特别是在到期日，有的期权合约临时集合竞价会出现很多次。临时集合竞价是为了让交易者冷静 3 分钟，理性竞价。所以，在大部分情况下，临时集合竞价结束后，期权合约的价格都会平稳或掉头，但也会有继续上升的情况，因为期权的标的继续顺势发展的话，期权合约是停不下来的。那么，触发临时集合竞价的条件是什么呢？上海证券交易所触发期权合约临时集合竞价的条件为期权合约盘中交易价格较最近参考价格上涨、下跌达到或者超过 50%，且价格涨跌绝对值达到或者超过该合约最小报价单位 5 或 10 倍。

延　伸

　　股指期权和商品期货期权就没有临时集合竞价规定，交易会更顺畅一些。

3. 自由选择杠杆的超市

情　境

期权合约像一个自由选择杠杆的超市，投资者通过选择不同的期权合约来自由选择不同的杠杆倍数，杠杆倍数的绝对值一般为 3 ~ 100，而不是固定的值。选什么杠杆，也就是说选什么期权合约，要取决于你对行情的判断，而不是盲目选择杠杆倍数最高的合约。

细节分析

下面通过一个案例来介绍期权的杠杆倍数。2025 年 2 月 3 日，上证 50ETF 期权的 T 型报价图如图 2-3 所示。

图 2-3　2025 年 2 月 3 日上证 50ETF 期权的 T 型报价图

可以看到有两种杠杆，一种是真实杠杆，一种是理论杠杆（图中为"杠杆"），我们一般看真实杠杆，不看理论杠杆，因为它是虚的。真实杠杆=理论杠杆×Delta，经过这样换算后才更贴近实际。在图 2-3 中，真实杠杆倍数的绝对值为 4.0～40.0。比如认购期权上证 50ETF 购 2 月 2650 的真实杠杆倍数为 31.39，而认沽期权的真实杠杆倍数为-8.0～-40.0，可以理解为使用了跟标的方向相反的真实杠杆。比如认沽期权上证 50ETF 沽 2 月 2650 的真实杠杆倍数为-22.57，因为离到期日还比较远，所以以上真实杠杆倍数都不高。

一般情况下，我们选择平值期权合约及附近的期权合约交易就可以了，这些期权合约的真实杠杆倍数比较适中，一般在 20 左右。谨慎选择真实杠杆倍数太高的期权合约，除非预期有大行情将要来临。我们要选择对的期权合约，而不是选择杠杆倍数更高的期权合约。

延　伸

商品期货的杠杆倍数一般在 10 左右，且存在爆仓的风险，但期权的权利仓杠杆高却不会爆仓，也就是说亏损有限、盈利无限，所以可以选择浅实值的期权合约权利仓代替期货合约，这样能达到亏损有限、盈利与期货合约差不多的效果。

4. 行情先行指标看哪个

想知道股市收盘后所出的政策或消息对第二天股市的行情有什么影响。

有些投资者总是基于股市收盘后出的政策或消息是利好还是利空，猜测其如何影响第二天的行情。其实不用猜，我们看看夜盘的股指期货走势就知道了。可以看看新加坡的新华富时中国 A50 指数期货或香港恒生指数期货，因为股市收盘后这些指数期货还在交易，数据可供参考。以新华富时中国 A50 指数期货为例，因为它与上证 50ETF 相关度比较高，所以对我们做上证 50ETF 期权有一定的参考价值。但它仅仅会影响上证 50ETF 的开盘价，对开盘之后的数据就没有太大的影响了。新华富时中国 A50 指数期货的交易时间是上午 9:00 至第二天凌晨 5:15，比上证 50ETF 早开盘 15 分钟，所以在开盘前，看看它的走势，如果走势是下跌的，则上证 50ETF 基本会低开，如果其是上涨的，则上证 50ETF 基本会高开。可以通过东方财富或同花顺 App 查看新华富时中国 A50 指数期货。以 2024 年 11 月

7 日为例，新华富时中国 A50 指数期货 9:15 的价格为 15 340 元，而它前一天 15:00 的价格为 15 241.5 元（如图 2-4 所示），即上涨 0.65%。而当天上证 50ETF 开盘上涨 0.45%。

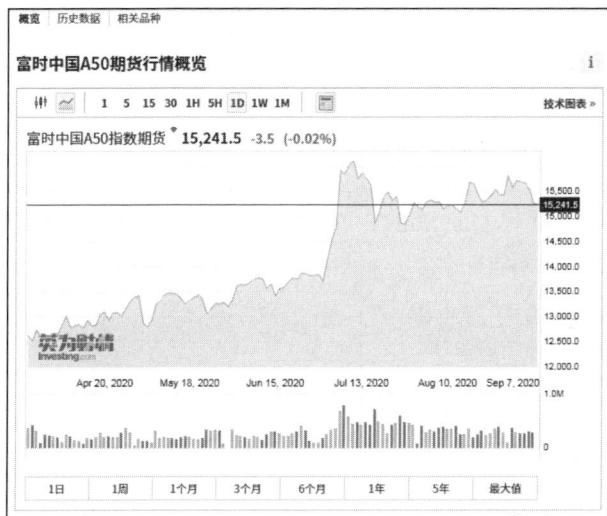

图 2-4　新华富时中国 A50 指数期货日 K 线图

随着我国金融话语权的不断提高，国外的指数对国内的影响也会越来越小。

延　伸

想知道下午收盘后出的政策或消息对商品期货期权（原油和黄金期货期权等）有什么影响，可以通过查看还在交易的外盘相关期货品种的走势，提前预判夜盘会如何开盘，做到心中有数。

5. 减仓认购期权后为什么买不进

情　境

　　某年 7 月 3 日，期权账户持有 250 张上证 50ETF 购 7 月 3000，在盘中减仓 60 张上证 50ETF 购 7 月 3000 后，想买入开仓 50 张上证 50ETF 沽 7 月 3200 或上证 50ETF 购 7 月 3300，但买入不成功。为什么就无法买入开仓呢？

细节分析

　　股票期权账户有限购张数和权利金限购额度的规定，示例中这个账户触及了权利金限购额度的规定。每个期权账户最多以个人总证券资产的 30%申请权利金限购额度。以示例中这个账户为例，权利金限购额度为 20.0 万元，当初建仓时使用了 8.0 万元的权利金额度，随着行情的发展，目前持有权利金的额度 45.0 万以上，远远超过了权利金限购额度，所以减仓 60 张上证 50ETF 购 7 月 3000 后，想买入开仓就不被允许了，就会弹出如图 2-5 所示的对话框，不管是买入开仓认购期权还是认沽期权，减仓后就买不回来了。当然卖出开仓认购期权或者认沽期权还是可以的。在这个例子中，就只能卖出开仓认沽期权来代替平仓的认购期权，继续持有多单。满仓交

易的投资者或限购额度比较低的投资者会遇到这个细节，平时轻仓交易的投资者不会那么容易碰到这个问题。

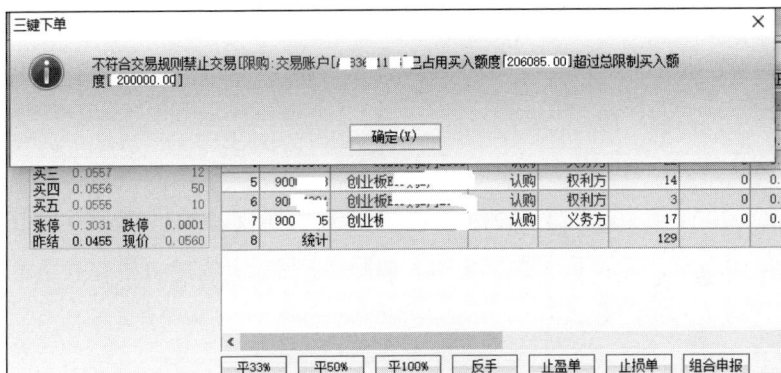

图 2-5 弹出对话框

延 伸

股指期权和商品期货期权账户有限购张数的问题，但对于中小投资者来说比较难触碰到，会相对宽松一点，但也要留意一下。

6. 看似下跌 78.74%，实际没有下跌

情 境

2024 年 10 月 24 日 21:08，铜期货看跌期权 cu2411P76000 现价是 58.0 元，显示下跌了 77.17%，如图 2-6 所示，它的价格究竟是不是真的下跌了这么多？

图 2-6　10 月 24 日铜期货看跌期权 cu2411P76000 分时图

细节分析

铜期货看跌期权 cu2411P76000 在 2024 年 10 月 24 日 21:08，显示下跌了 77.17%，现价是 58.0 元，实际上它并没有跌。我们看看它在 10 月 24 日 15:00 的收盘价是 54.0 元，如图 2-7 所示，而现价是 58.0 元，涨了 4.0 元。那么为什么交易软件会显示它下跌 77.17% 呢？这其实与这个合约的结算价有关。这个合约在 11 月 24 日 15:00 的结算价是 254.0 元，远远高于收盘价的 54.0 元，所以按照结算价计算的话，显示跌了 78.74%，这其实是不真实的。因为商品期货经常出现收盘价和结算价不一样的情况，所以就会经常出现这种看似下跌，实际上没下跌的情况。所以我们看商品期货期权合约有没有下跌，还得多留意比较它前一天的收盘价与当天的现价，才能得出是涨还是跌的结论。

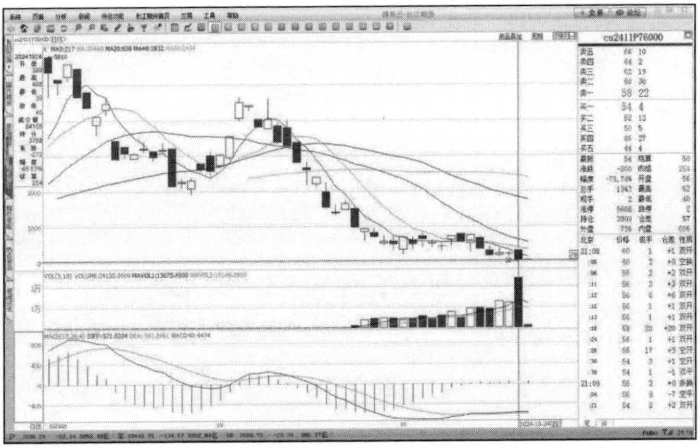

图 2-7　10 月 24 日铜期货看跌期权 cu2411P76000 日 K 线图

延 伸

　　股票只有收盘价，没有结算价这一说法，所以基本不会出现这种情况。如果出现这种情况，可能的原因就是市场出现大波动，导致出现不合理的价格，或者期权合约收盘时没有充分成交，还停留在收盘前的某个价位，导致要用结算价代替当天的收盘价。

7. 标的大涨 2.72%，认购期权却暴跌 27.29%

情　境

2024 年 10 月 14 日创业板 ETF 大涨 2.72%，但是认购期权创业板 ETF 购 10 月 2150 却暴跌 27.29%，如图 2-8 所示，这是怎么回事？

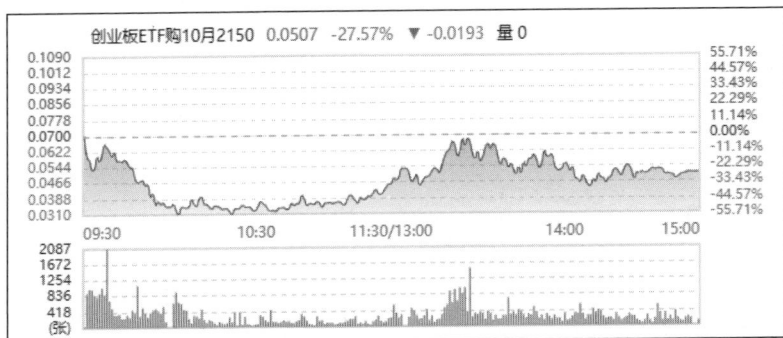

图 2-8　认购期权创业板 ETF 购 10 月 2150 的分时图

细节分析

这个情况肯定是真的，只是期权新手可能不太理解为什么会这样。按道理，标的大涨，认购期权就要大涨，没理由还暴跌 27.29%。那么问题究竟出在哪里？

这其实跟期权合约的价格受多种因素影响有关。影响期权合约价格的主要因素有标的的方向、期权合约的隐含波动率和期权合约到期剩余时间。举个例子，10 月 14 日认购期权创业板 ETF 购 10 月 2150 下跌 27.29%，跌幅为 0.0191 元，这个数值大概是由内在价值增加 0.0180 元、时间价值减少 0.0371 元构成的。因为 10 月 14 日隐含波动率暴跌 21.96%，并且到期剩余时间减少 1 天，最终体现在该合约的时间价值减少 0.0371 元，最终导致标的虽然大涨，但认购期权合约价格却暴跌 27.29%。

延 伸

反之，也可能会出现标的大跌 2.72%，认沽期权暴跌的情况，也就是我们经常说的"看对方向还亏钱"的逻辑。

8. 期权买方和卖方的仓位差异

情 境

不管做什么交易，仓位管理都是非常重要的。期权的仓位管理也很重要，只是期权的仓位要分为买方仓位和卖方仓位，两者之间有什么差异呢？

细节分析

期权的买方和卖方互为对手盘，买方使用的资金少，而卖方使用的资金多，所以两者的仓位管理既有相同点，又有不同点，我们分开来介绍。

期权的买方使用加杠杆的方式进行交易，平均杠杆在 20 倍左右，用 10 万元的资金就能撬动 200 万元的期权市值，用 100 万元的资金就能撬动 2000 万元的期权市值，所以满仓是很可怕的事情，一旦标的波动大一些，盈亏幅度就会很大。虽然买方亏损有限，但那是指仅限于账户里的资金，如果继续入金到期权账户的话，亏损就不是有限的了。有的交易所也设置了限制购买的额度，额度最大值是总资产的 30%，这可以作为底线，仓位一般不要突破总资产的

30%。另外，买方不能经常持仓，应该看准时机再建仓。买方做的是趋势行情，在没有趋势行情时，建仓都可能出现亏损。

期权的卖方使用的是保证金交易方式，其是降杠杆的交易方式，平均杠杆在 1/10 倍左右，100 万元的资金大概只能撬动 10 万元的期权市值，所以满仓不是很可怕的事情，不像期货的保证金交易方式，用 100 万元的资金大概能撬动 1000 万元的期货市值，那就很可怕了。但是期权的卖方亏损是无限的，因此也要控制好仓位，一般仓位控制在 50%以下比较好。

下面举例来说明一下。图 2-9 所示是 11 月 28 日的期权合约持仓。买入开仓 150 张上证 50ETF 购 12 月 3400，使用资金为 266 400.0 元，按照当时的杠杆 17.45 倍计算，持有的 150 张上证 50ETF 股票的真实市值为 464.86 万元，面值市值为 533.55 万元。标的一旦波动起来，是用真实市值 464.86 万元来计算盈亏的。而卖出开仓 170 张上证 50ETF 沽 12 月 3400，保证金为 713 673.60 元，持有的期权合约市值为 25 500.00 元，使用的杠杆是 0.036 倍，不到 1/20，期权义务方是降杠杆的交易。虽然是降杠杆的交易，但又是亏损无限的交易，所以也要控制仓位。

				持仓	可用	开仓均价	最新价	市值	估算浮动盈亏	保证金	
名称	类别	买卖									
50ETF购12月3400	认购	买		150	150	0.0964	0.1776	266400.00	121800.00	0.00	12
50ETF沽12月3400	认沽	卖		170	170	0.0399	0.0150	-25500.00	42330.00	713673.60	8

图 2-9　11 月 28 日上证 50ETF 期权持仓图

总之，期权的仓位管理不能一概而论，要基于买方和卖方两种风格来分析。

延 伸

买方和卖方的使用差异，不是根据账户资金量的大小来决定的，而是根据行情的大小来决定的，大行情用买方，小行情用卖方。

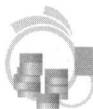

9. 如何识别期权市场的涨跌情绪

情 境

在期权市场中，有一个可以看出市场情绪的指标——期权合约的隐含波动率，如图 2-10 所示。我们通过例子来分析这个细节。

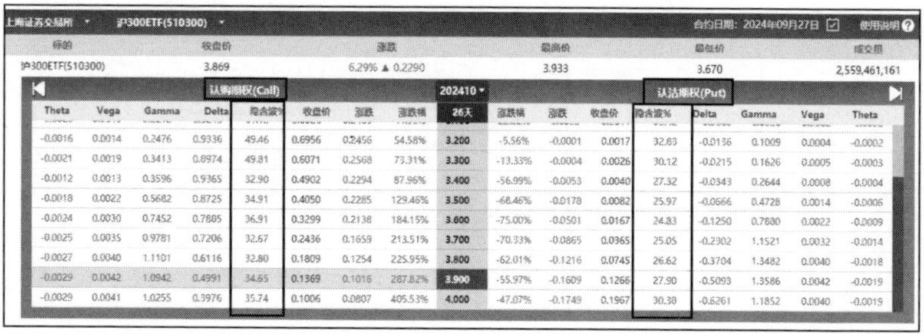

上海证券交易所 沪300ETF(510300) 合约日期：2024年09月27日 使用说明

标的	收盘价	涨跌	最高价	最低价	成交额
沪300ETF(510300)	3.869	6.29% ▲ 0.2290	3.933	3.670	2,559,461,161

认购期权(Call)								202410	认沽期权(Put)							
Theta	Vega	Gamma	Delta	隐含波%	收盘价	涨跌	涨跌幅	26天	涨跌幅	涨跌	收盘价	隐含波%	Delta	Gamma	Vega	Theta
-0.0016	0.0014	0.2476	0.9336	49.46	0.6956	0.2456	54.58%	3.200	-5.56%	-0.0001	0.0017	32.83	-0.0136	0.1009	0.0004	-0.0002
-0.0021	0.0019	0.3413	0.8974	49.81	0.6071	0.2568	73.31%	3.300	-13.33%	-0.0004	0.0026	30.12	-0.0215	0.1626	0.0005	-0.0003
-0.0012	0.0013	0.3596	0.9365	32.90	0.4902	0.2294	87.96%	3.400	-56.99%	-0.0053	0.0040	27.32	-0.0343	0.2644	0.0008	-0.0004
-0.0018	0.0022	0.5682	0.8725	34.91	0.4050	0.2285	129.46%	3.500	-68.46%	-0.0178	0.0082	25.97	-0.0666	0.4728	0.0014	-0.0006
-0.0024	0.0030	0.7452	0.7885	36.91	0.3299	0.2138	184.15%	3.600	-75.00%	-0.0501	0.0167	24.83	-0.1250	0.7880	0.0022	-0.0009
-0.0025	0.0035	0.9781	0.7206	32.67	0.2436	0.1659	213.51%	3.700	-70.33%	-0.0865	0.0365	25.05	-0.2302	1.1521	0.0032	-0.0014
-0.0027	0.0040	1.1101	0.6116	32.80	0.1809	0.1254	225.95%	3.800	-62.01%	-0.1216	0.0745	26.62	-0.3704	1.3482	0.0040	-0.0018
-0.0029	0.0042	1.0942	0.4991	34.65	0.1369	0.1016	267.82%	3.900	-55.97%	-0.1609	0.1266	27.90	-0.5093	1.3586	0.0042	-0.0019
-0.0029	0.0041	1.0255	0.3976	35.74	0.1006	0.0807	405.53%	4.000	-47.07%	-0.1749	0.1967	30.38	-0.6261	1.1852	0.0040	-0.0019

注：图中“沪 300ETF”为简写，下同。

图 2-10　9 月 27 日沪深 300ETF 期权 T 型报价图

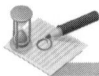

细节分析

9 月 27 日，沪深 300ETF 认购期权的隐含波动率总体比认沽期权的隐含波动率高很多，也就是说投资者愿意花更高的权利金去买认购期权，所以这时市场的情绪是偏向看涨后市的。结果，9 月 30 日沪深 300ETFF 大涨 9.41%。另外还可以通过对比平值认购期权和

认沽期权合约的时间价值高低来判断市场的涨跌情绪。如果平值认购期权的时间价值比平值认沽期权的时间价值高，则说明市场偏向看涨后市；如果平值认购期权的时间价值比平值认沽期权的时间价值低，则说明市场偏向看跌后市。

通过期权合约的隐含波动率来判断市场的涨跌情绪，具有一定的参考价值，但不是百分百准确的。切记，金融市场没有百分百准确的指标。

延　伸

这个情况对于商品期货期权和股指期权同样适用。

10. 沽购双涨，这是偶然现象吗

情 境

7 月 23 日，沪深 300ETF 当天下跌 0.54%，而沪深 300ETF 期权平值附近的认购和认沽期权合约的价格都是上涨的，如图 2-11 所示。这是偶尔才出现的现象吗？

标的：300ETF　最新价：4.786　涨跌：-0.026　幅度：-0.54%

仓差	持仓量	Delta	隐波%	内在价值	时间价值	幅度%	涨跌	最新	购<行权价>沽	最新	涨跌	幅度%	时间价值	内在价值	隐波%	Delta	持仓量	仓差
31	532	0.9997	0.02	1.0660	–	-4.33	-0.0473	1.0447	3.700	0.0032	0.0008	33.33	0.0032	–	40.07	-0.0003	19113	5699
41	614	0.9991	0.02	0.9660	–	-3.68	-0.0365	0.9555	3.800	0.0040	0.0004	11.11	0.0040	–	37.75	-0.0009	10712	1244
-103	563	0.9972	0.02	0.8660	–	-5.54	-0.0494	0.8426	3.900	0.0055	0.0007	14.58	0.0055	–	36.00	-0.0028	6369	662
43	1204	0.9924	0.02	0.7660	–	-4.55	-0.0360	0.7560	4.000	0.0071	0.0008	12.70	0.0071	–	33.79	-0.0076	13873	1782
-142	2831	0.9822	0.02	0.6660	–	-4.22	-0.0292	0.6628	4.100	0.0105	0.0014	15.38	0.0105	–	32.47	-0.0178	26387	4112
-59	2241	0.9624	0.02	0.5660	–	-4.51	-0.0267	0.5653	4.200	0.0156	0.0017	12.23	0.0156	–	31.22	-0.0376	34877	6635
-128	4453	0.9206	0.02	0.4660	0.0055	-4.17	-0.0205	0.4715	4.300	0.0221	0.0006	2.79	0.0221	–	29.65	-0.0714	46695	9003
9	6222	0.8768	0.02	0.3660	0.0193	-1.71	-0.0067	0.3853	4.400	0.0375	0.0025	7.14	0.0375	–	29.87	-0.1232	49003	12347
2521	25208	0.8049	0.02	0.2660	0.0428	2.97	0.0089	0.3088	4.500	0.0581	0.0015	2.65	0.0581	–	29.75	-0.1951	56242	8422
1063	33681	0.7144	16.76	0.1660	0.0712	3.67	0.0084	0.2372	4.600	0.0876	0.0003	0.34	0.0876	–	29.91	-0.2856	41834	4558
7714	57341	0.6181	19.48	0.0660	0.1125	3.24	0.0056	0.1785	4.700	0.1270	-0.0010	-0.78	0.1270	–	30.32	-0.3899	55240	4300
2991	64640	0.4996	20.98	–	0.1298	3.43	0.0043	0.1298	[illegible]	0.1799	-0.0009	-0.50	0.1459	0.0340	31.45	-0.5004	36851	1992
5159	68948	0.3913	22.15	–	0.0932	3.56	0.0032	0.0932	4.900	0.2397	-0.0048	-1.96	0.1057	0.1340	32.30	-0.6087	15548	-531
5013	84178	0.2928	23.26	–	0.0663	2.47	0.0016	0.0663	5.000	0.3158	-0.0019	-0.60	0.0818	0.2340	34.67	-0.7072	8177	335
3202	65081	0.1159	25.68	–	0.0276	2.99	0.0008	0.0276	5.250	0.5221	-0.0133	-2.48	0.0381	0.4840	39.62	-0.8841	1964	-130
11684	73856	0.0347	28.87	–	0.0136	0.74	0.0001	0.0136	5.500	0.7615	-0.0085	-1.10	0.0275	0.7340	48.04	-0.9653	1256	-153
1477	56306	0.0080	32.56	–	0.0082	-2.38	-0.0002	0.0082	5.750	1.0053	-0.0058	-0.57	0.0213	0.9840	55.94	-0.9920	1930	238

图 2-11　7 月 23 日沪深 300ETF 期权 T 型报价图

细节分析

从图 2-11 可以看到，认购期权沪深 300ETF 购 8 月 4500 至购 8 月 5000 的价格都有一定幅度的上涨，认沽期权沪深 300ETF 沽 8 月 4400 至沽 8 月 4600 的价格也都有一定幅度的上涨，这确实是偶尔

出现的现象。这是由于隐含波动率上涨引起了期权合约价格上涨，当天沪深 300ETF 期权的隐含波动率指数上涨 2.4%。而更多的时候，虚值的认购期权合约和认沽期权合约的价格都是下跌的，因为期权合约的时间价值一直在损耗。

延　伸

　　认购期权合约和认沽期权合约的价格一起下跌，是经常出现的现象，详见下文。

11. 标的不涨不跌，期权合约价格为何会下跌

情 境

2024 年 10 月 21 日，沪深 300ETF 收盘上涨 0.00%，没上涨，也没下跌，而 10 月大部分的期权合约价格都是下跌的，如图 2-12 所示，不管是认购期权还是认沽期权。这是怎么回事？

上海证券交易所	沪300ETF(510300)			合约日期: 2024年10月21日		使用说明
标的	收盘价	涨跌	最高价	最低价		成交量
沪300ETF(510300)	4.016	0.00%	4.060	3.980		2,529,336,501

			认购期权(Call)					202410					认沽期权(Put)			
涨跌	涨跌幅	开盘价	最高价	最高价	成交量	合差	持仓量	2天	持仓量	仓差	成交量	最高价	最低价	开盘价	涨跌幅	涨跌
-0.0071	-1.71%	0.4046	0.3800	0.4566	1,936	-4098	7,090	3.600	22,316	-2406	8,543	0.0018	0.0004	0.0004	50.00%	0.0002
-0.0057	-1.60%	0.3145	0.2779	0.3589	2,763	-2902	6,174	3.700	29,630	-8983	21,923	0.0019	0.0005	0.0008	20.00%	0.0001
-0.0010	-0.46%	0.2123	0.1820	0.2600	17,846	-5987	6,577	3.800	33,446	-2644	32,780	0.0049	0.0015	0.0019	-29.03%	-0.0009
0.0040	3.45%	0.1215	0.0983	0.1673	77,726	-10078	17,628	3.900	31,310	-7720	77,222	0.0157	0.0071	0.0148	-40.00%	-0.0060
-0.0051	-8.93%	0.0635	0.0446	0.0913	134,894	-11983	23,229	4.000	23,500	-7021	104,977	0.0667	0.0319	0.0538	-28.52%	-0.0156
-0.0160	-46.24%	0.0338	0.0137	0.0468	104,139	-4794	28,717	4.100	9,865	-5533	42,192	0.1426	0.0873	0.1237	-18.35%	-0.0236
-0.0182	-74.59%	0.0235	0.0043	0.0318	61,531	-1550	25,385	4.200	6,187	-1210	7,921	0.2334	0.1645	0.2132	-14.81%	-0.0335
-0.0160	-87.43%	0.0170	0.0020	0.0200	39,006	-5622	22,673	4.300	4,647	-717	3,199	0.3283	0.2558	0.3066	-3.30%	-0.0262
-0.0137	-92.57%	0.0152	0.0009	0.0152	25,434	-3033	13,749	4.400	2,441	-292	646	0.4163	0.3518	0.3863	-3.04%	-0.0122
-0.0131	-91.57%	0.0117	0.0005	0.0117	24,812	-1290	12,572	4.500	3,896	-156	707	0.5150	0.4492	0.4694	-4.84%	-0.0249

图 2-12　2024 年 10 月 21 日沪深 300ETF 期权 T 型报价图

细节分析

这是一个颠覆期货投资者三观的现象，因为在投资者眼里，如果持有空单，标的的上涨会亏钱，标的下跌就赚钱，若标的不涨不跌，则不会亏钱。但为什么标的不涨不跌，而期权合约的价格会下跌呢？这是因为期权合约的价格是由多个影响因素决定的，包括标的的方

向、期权合约的隐含波动率和期权合约到期剩余时间。在该例中，认购期权和认沽期权合约的价格下跌就是由期权合约的隐含波动率下降和合约到期剩余时间减少 1 天导致的。所以，我们在看期权合约价格涨跌时，要综合几个影响因素来分析，单单分析一个因素是不全面的。

延　伸

标的价格不涨不跌、期权合约价格出现上涨的情况，就是由期权合约的隐含波动率上升引起的，只是这种情况出现的概率比较低，详见第 2 章的第 10 个细节。

12. 隐含波动率高得离谱，而时间价值却为"零"

情 境

2025 年 5 月 13 日，是 PTA 期货期权 6 月合约的到期日，我们从图 2-13 可以看到，看涨期权 TA506-C-5100 的时间价值为 0.5 元（归零），但是隐含波动率为 35.94%，而看跌期权 TA506-P-4600 的时间价值为 0.5 元(归零)，但是隐含波动率为 52.37%，这是怎么回事？

标的 PTA	TA606		合约名称	最新	涨跌	涨幅	成交量	持仓量	日增仓	开盘	最高	最低	昨收	期权成交量	
到期日	20250513 (剩余0天)		PTA2506	4898	136	2.86%	109716	143420	2728	4914	4934	4834	4836	1014926	>>期权趋势下单
			PTAVIX	20.91	-0.93	-4.28%	1118013	529458	50161	21.93	21.95	20.62	21.78	1118013	

日增仓	持仓量	Delta	隐含波动率	内在价值	时间价值	涨幅	涨跌	最新	看涨	行权价	看跌	最新	涨跌	涨幅	时间价值	内在价值	隐含波动率	Delta	持仓量	日增仓
-28	321	0.9645	180.58%	748.0	-20.5	18.78%	115.0	727.5	C	4150	P	0.5	0.0	0.00%	0.5	0.0	124.94%	-0.0049	3549	-60
-3	751	0.9553	178.27%	698.0	8.5	25.60%	144.0	706.5	C	4200	P	0.5	0.0	0.00%	0.5	0.0	116.26%	-0.0051	16210	-211
-3	337	0.9529	167.04%	648.0	-22.0	22.15%	113.5	626.0	C	4250	P	0.5	0.0	0.00%	0.5	0.0	107.63%	-0.0053	7683	-88
-2	1255	0.9228	181.27%	598.0	16.5	32.86%	152.0	614.5	C	4300	P	0.5	0.0	0.00%	0.5	0.0	100.39%	-0.0059	6538	-127
-28	1395	0.8794	202.63%	548.0	32.0	40.61%	167.5	580.0	C	4350	P	---	0.0	0.00%	0.5	0.0	0.00%	---	6806	0
-66	3017	0.9616	118.03%	498.0	-18.0	26.72%	97.0	460.0	C	4400	P	0.5	-0.5	-50.00%	0.5	0.0	84.67%	-0.0069	11582	-217
-33	1962	0.9128	138.69%	448.0	14.5	47.76%	149.5	462.5	C	4450	P	0.5	-1.0	-66.67%	0.5	0.0	76.94%	-0.0077	7779	-291
-121	3651	0.8556	159.38%	398.0	31.5	63.00%	166.0	429.5	C	4500	P	0.5	-1.0	-66.67%	0.5	0.0	68.62%	-0.0084	11840	-127
-496	2395	0.9732	73.82%	348.0	-2.0	63.55%	136.0	350.0	C	4550	P	0.5	-1.5	-75.00%	0.5	0.0	60.81%	-0.0096	5873	-435
-685	7538	0.9716	63.66%	298.0	-5.0	77.58%	128.0	293.0	C	4600	P	0.5	-2.5	-83.33%	0.5	0.0	52.37%	-0.0104	14567	-4003
478	6134	0.9682	54.16%	248.0	-3.0	106.75%	126.5	245.0	C	4650	P	0.5	-6.0		0.5	0.0	44.52%	-0.0121	6111	-1610
-1925	9295	0.8968	63.32%	198.0	8.0	169.28%	129.5	206.0	C	4700	P	0.5	-14.0	-96.55%	0.5	0.0	36.71%	-0.0152	13684	-2898
-1676	4634	0.9170	42.79%	148.0	2.0	240.23%	104.5	148.0	C	4750	P	0.5	-31.0	-98.41%	0.5	0.0	28.46%	-0.0190	17326	6719
-4839	6629	0.9323	26.00%	98.0	2.0	385.12%	78.5	100.0	C	4800	P	0.5	-59.0	-99.16%	0.5	0.0	19.88%	-0.0254	21132	15293
-4737	4445	0.8637	17.22%	48.0	3.0	436.84%	41.5	51.0	C	4850	P	0.5	-97.0	-99.49%	0.5	0.0	10.98%	-0.0428	12523	10329
-3467	7677	0.2512	1.16%	0.0	0.5	85.71%	-3.0	0.5	C	4900	P	44.0	-141.0	-99.65%	-1.5	2.0	0.37%	-0.9836	3291	3080
8640	13693	0.0418	11.66%	0.0	0.5	-66.67%	-1.0	0.5	C	4950	P	44.0	-145.5	-76.78%	8.0	52.0	5.10%	-1.0000	1232	1004
10487	29293	0.0248	20.08%	0.0	0.5	0.00%		0.5	C	5000	P	107.0	-131.5	-55.14%	5.0	102.0	33.59%	-0.8783	133	2
4935	14708	0.0159	35.94%	0.0	0.5	0.00%		0.0	C	5100	P	---	0.0	0.00%	136.0	202.0	0.00%	-0.9970	116	0
-16	1205	0.0116	50.26%	0.0	0.5	0.00%		0.5	C	5200	P	---	0.0	0.00%	136.0	302.0	0.00%	-1.0000	97	0
0	3302	0.0000	0.00%	0.0	0.5	0.00%		0.0	C	5300	P	---	0.0	0.00%	136.0	402.0	0.00%	-1.0000	33	0
0	12886	0.0000	0.00%	0.0	0.5	0.00%		0.0	C	5400	P	---	0.0	0.00%	136.0	502.0	0.00%	-1.0000	---	---

白糖 铁矿 PTA 甲醇 动力煤 菜开豆 花生 豆二甲醇 白糖 玻璃 短纤 氧片 纯碱 聚丙 链柏 苹果 红枣

图 2-13　5 月 13 日 PTA 期货期权 T 型报价图

细节分析

　　基本上每个到期日商品期货期权都会出现这样的景观，所以这是正常的现象，"存在即合理"。只是我想说的是这样的一条规律：正常情况下，每个虚值期权合约的价格在到期时都会只剩最小合约单位（也就是归零），除非出现特殊的情况。至于期权合约的隐含波动率为什么不归零，可能是通过期权定价公式计算得出的结果或者出于其他原因，感兴趣的朋友可以研究一下。

延　伸

　　股票期权和股指期权也都会出现这个现象，原理与商品期货期权一样。

13. 期权合约价格和隐含波动率出现背离

![情 境]

期权合约价格和隐含波动率出现背离现象，对我们的交易有什么启发？

![细节分析]

这里讲的期权合约价格出现的背离和股票的背离现象不一样，股票的背离现象是股票价格与 MACD 指标之间的背离，期权合约价格的背离是期权合约价格与隐含波动率之间的背离。具体的解读如表 2-1 所示。

表 2-1　期权合约价格与隐含波动率解读表

期权合约价格	隐含波动率	解读
认购期权合约价格上涨	隐含波动率上涨	说明大家都看好后市，一般可以追涨
	隐含波动率下跌	说明大家都在平仓，一般止盈平仓
认沽期权合约价格上涨	隐含波动率上涨	说明大家都看跌后市，一般可以杀跌
	隐含波动率下跌	说明大家都在平仓，一般止盈平仓

我们举例来说明一下。

11 月 27 日，上证 50ETF 大涨 1.72%，特别是 14:20 以后一路逼空上涨，我们来看看认购期权上证 50ETF 购 12 月 3600 是否出现背离。

在 14:20 之前，基本没有背离，从 14:20 至 14:42 出现背离，投资者谨慎看涨，一直在止盈平仓，如图 2-14 所示。但从 14:42 至 14:53 又没有背离，标的上涨，该认购期权合约价格上涨，该合约的隐含波动率上涨，投资者开始追涨了。当然也有一些该合约的义务仓在止损，间接助涨。所以这个合约涨了不少，在 14:53 以后又出现了背离，标的上涨，该认购期权合约价格涨不动了，它的隐含波动率大幅下跌，投资者开始止盈平仓该合约，落袋为安过周末。

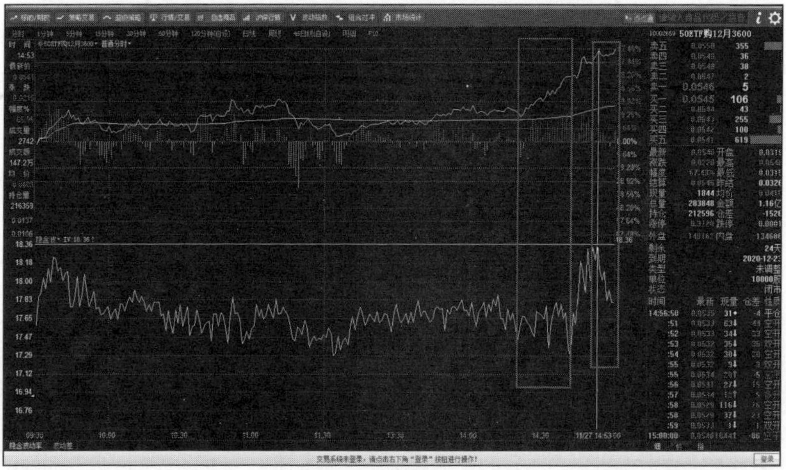

图 2-14　11 月 27 日上证 50ETF 购 12 月 3600 分时走势图

我们再来看看认沽期权上证 50ETF 沽 12 月 3600 是否出现背离。

在 13:05 至 13:28 出现小幅背离，标的上涨，该认沽期权合约价

格下跌,该合约的隐含波动率上涨,如图 2-15 所示。从 14:28 至 14:55 没有背离,标的上涨,该认沽期权合约价格下跌,该合约的隐含波动率下跌,持有该合约权利仓的投资者开始止损。在 14:55 以后出现了背离,标的上涨,该认沽期权合约价格跌不动了,该合约的隐含波动率大幅上涨,投资者开始买入开仓该合约,赌下周一回调。

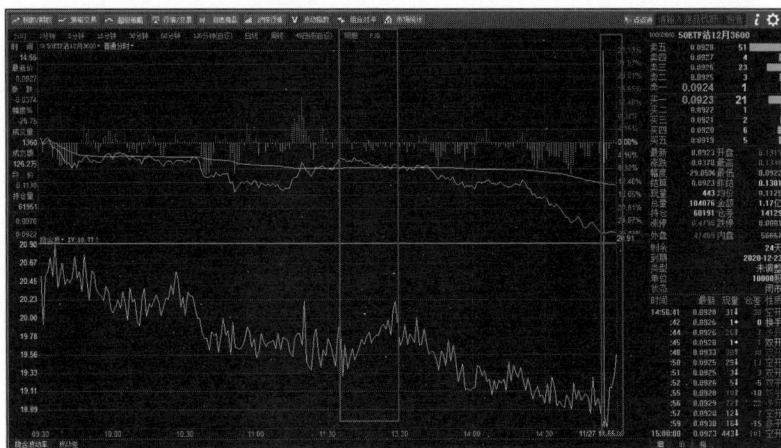

图 2-15 11 月 27 日上证 50ETF 沽 12 月 3600 分时走势图

延 伸

商品期货期权和股指期权也会出现这样的背离情况,道理都是通用的。

14．在哪里能看商品期货期权合约的日线隐含波动率

商品期货期权合约的隐含波动率实在太重要了，它是影响期权合约价格的一个重要因素。但是如果没有交易软件可以看这个指标，交易就有些像盲人摸象。比如，我想看 12 月 19 日甲醇看涨期权合约 MA502C2650 的日线隐含波动率，在哪里可以看到呢？

细节分析

目前市场上已经有几十个商品期货期权了，但是商品期货期权的交易软件有点落后，还没有达到股票期权交易软件的水平，很多投资者想看一下期权合约日线的隐含波动率都不知道哪里可以看。目前笔者知道有两个期权交易软件可以看到，一个是"无限易"期权交易软件，另外一个就是文华 wh6 期货行情交易软件，我们以后者为例，介绍如何看商品期权合约的日线隐含波动率。首先登录这个交易软件，然后点击左边工具条中的"期权"选项，进入期权 T 型报价界面，再双击选择你想看的期权合约，比如甲醇看涨期权合约 MA502C2650，进入该合约的分时图界面，最后点击左边工具条

中的"隐含波动率 2"选项，如图 2-16 所示，就可以看到该合约的日线隐含波动率曲线了，点击左边工具条中的"隐含波动率 1"选项，就可以看到该合约的分时隐含波动率曲线了。

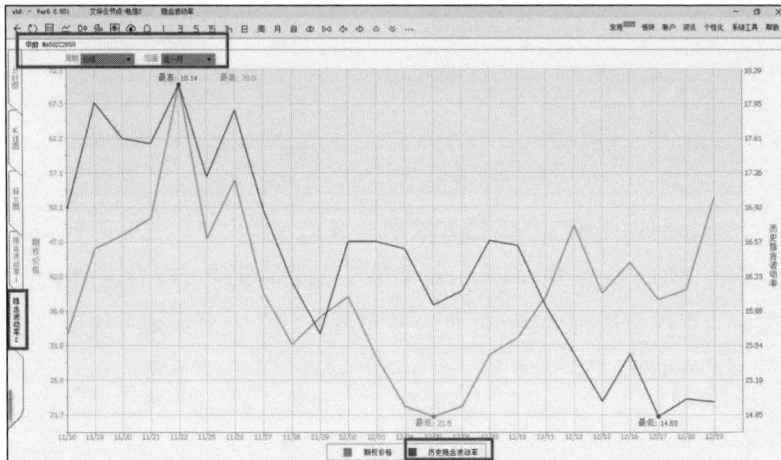

图 2-16　文华 wh6 期货行情交易软件隐含波动率 2 界面图

延 伸

　　股票期权的交易软件比较完善，利用它可以很方便地看到期权合约的日线隐含波动率和分时隐含波动率。

15.　股指期权的隐含波动率指数在哪里看

情　境

　　大家都知道股票期权的隐含波动率指数在哪里看，但可能有些人不知道股指期权的隐含波动率指数在哪里看。

细节分析

　　有几个软件可以看股指期权的隐含波动率指数，首先我们来看看汇点期权交易软件。登录汇点期权交易软件后，点击软件上方工具栏中部的"波动率指数"，就可以看到股票期权和股指期权的波动率指数了。比如"汇点 300 股指波指"就是沪深 300 股指期权的隐含波动率指数，"汇点 1000 股指波指"就是中证 1000 股指期权的隐含波动率指数，"汇点 50 股指波指"就是上证 50 股指期权的隐含波动率指数，如图 2-17 所示，图中有波动率指数的分时图和日 K 线图。

图 2-17　汇点期权交易软件界面图

　　下面来看看文华 wh6 期货行情交易软件怎么看。登录交易软件后，点击软件左边工具栏的"期权"，再点击下边工具栏的"期权VIX 指数"，就能看到股指期权的波动率指数了，如图 2-18 所示。比如"50 股指 VIX"就是上证 50 股指期权的隐含波动率指数；"300股指 VIX"就是沪深 300 股指期权的隐含波动率指数；"1000 股指VIX"就是中证 1000 股指期权的隐含波动率指数。在这里也能看到各个商品期货期权的隐含波动率指数。其他的交易软件就不一一介绍了，基本上通过差不多的操作路径就可以看到股指期权的波动率指数，感兴趣的投资者可以自己研究一下。

序号	合约名称	最新	现手	成交量	涨跌	涨幅%	持仓量	日增仓	开盘	最高	最低	涨速	当周涨幅%	当月涨幅%	昨结算	昨收	结算
1	50股指VIX	19.43	108	29900	-2.17	-10.04%	89045	1716	21.85	22.06	19.40	0.00%	-7.13%	1.48%	21.60	21.59	---
2	300股指VIX	19.96	393	82186	-2.64	-11.67%	213872	2792	22.79	22.93	19.89	0.00%	-4.62%	5.37%	22.60	22.55	---
3	1000股指VIX	28.71	544	204097	-2.99	-9.44%	250553	7473	31.96	32.02	28.68	0.00%	-4.15%	2.57%	31.71	31.65	---
4	50ETFVIX	18.60	1242	991236	-1.98	-9.60%	1755608	16520	20.63	20.98	18.58	0.00%	-5.11%	7.59%	20.57	20.61	---
5	SH300VIX	19.55	928	1010488	-2.81	-12.57%	1449363	5280	22.69	22.90	19.53	0.00%	-6.24%	4.76%	22.36	20.43	---
6	SH500ETFVIX	25.82	2687	1506402	-3.42	-11.70%	1308794	-3101	29.49	29.59	25.78	0.00%	-6.90%	3.40%	29.24	29.21	---
7	科创50ETFVIX	35.32	2190	824065	-3.94	-10.04%	1624614	42713	39.69	39.83	35.10	0.00%	-10.09%	4.76%	39.26	39.30	---
8	科创板50ETFVIX	36.91	299	236795	-3.46	-8.58%	588366	3031	40.69	41.02	36.77	0.00%	-5.88%	9.68%	40.37	40.38	---
9	SZ100ETFVIX	23.54	68	75363	-2.73	-10.40%	145388	6226	26.60	26.95	23.51	0.00%	-3.77%	6.46%	26.27	26.45	---
10	SZ300VIX	19.57	93	154992	-2.94	-13.06%	283911	6788	22.92	23.17	19.55	0.00%	-8.49%	2.17%	22.51	22.59	---
11	SZ500ETFVIX	24.96	291	197139	-3.26	-11.56%	385292	7607	28.40	28.56	24.94	0.00%	-7.47%	3.88%	28.22	28.51	---
12	创业板ETFVIX	29.29	1326	1081272	-3.76	-11.37%	1415695	68936	33.27	33.57	29.18	0.00%	-10.74%	10.27%	33.04	32.98	---
13	沪金VIX	13.86	11	105292	-1.39	-9.10%	88060	1771	13.81	14.14	13.78	-0.08%	-5.17%	-3.95%	15.24	13.96	---
14	沪银VIX	23.34	176	385589	-0.07	-0.31%	242350	1807	22.22	23.48	22.21	-0.02%	5.57%	2.70%	23.41	22.32	---
15	沪铜VIX	12.77	77	94398	-1.22	-8.71%	66509	1941	12.92	13.37	12.03	-0.03%	-9.17%	-1.68%	13.98	13.22	---
16	沪铝VIX	12.59	23	52603	-0.21	-1.66%	61921	574	12.41	12.80	12.31	0.10%	3.50%	9.58%	12.80	13.10	---
17	沪锌VIX	16.58	6	89260	-0.65	-3.77%	56853	5356	16.77	16.77	16.01	0.08%	-3.68%	9.26%	17.23	16.46	---
18	沪铅VIX	13.70	6	4271	-0.28	-1.99%	11839	377	13.63	13.71	13.22	0.00%	2.79%	-1.41%	13.98	13.81	---
19	沪镍VIX	20.93	6	17125	-2.53	-10.79%	25002	-144	21.06	21.22	20.47	0.05%	-2.47%	-1.35%	23.46	21.08	---
20	沪锡VIX	17.78	1	5683	-1.40	-7.28%	8022	-88	17.94	18.01	17.19	0.25%	-5.12%	-1.48%	19.18	17.73	---
21	氧化铝VIX	27.62	66	248845	-0.33	-1.18%	165102	9261	29.00	29.89	27.33	-0.20%	-7.66%	4.53%	27.95	30.32	---

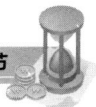

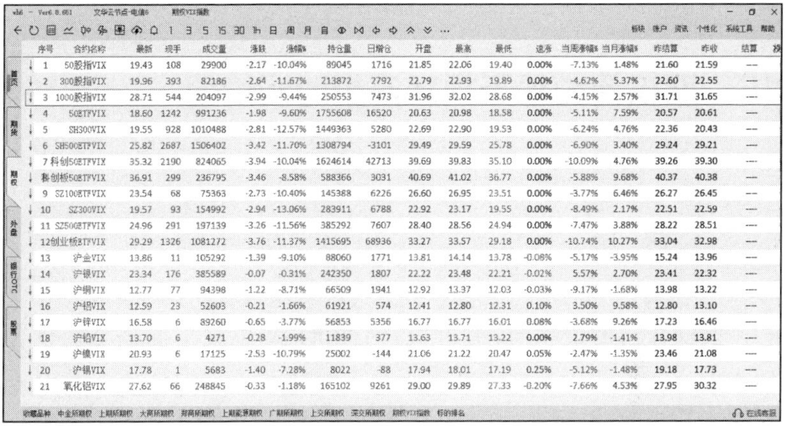

图 2-18 文华 wh6 期货行情交易软件界面图

延 伸

股票期权的隐含波动率指数比较容易找到，这里就不展开讲了。上一节提到，商品期货期权的隐含波动率指数在文华 wh6 期货行情交易软件中就能看到，在有些期货行情交易软件中也能看到，大家可自行查看。

16. 期权合约每天损耗多少时间价值

情 境

期权合约的价格=内在价值+时间价值，也就是说每个期权合约都有时间价值，请问期权合约每天损耗多少时间价值？有没有规律可循？

细节分析

期权合约每天损耗多少时间价值？我们可以通过文华 wh6 期货行情交易软件的 Theta 指标得到答案，不用自己计算，下面举例介绍一下。如图 2-19 所示，12 月 20 日，甲醇期权合约 MA502-C-2650 的 Theta 值为-0.9144，也就是说，理论上这个合约 12 月 20 日过后就要损耗 0.9144 元的时间价值。如果用算术平均法计算，这个合约今天要损耗的时间价值为：33.0/25.0=1.32 元，而软件显示是-0.9144 元，这是因为时间价值的损耗有图 2-20 所示的规律，期权合约离到期日越远，时间价值损耗得越慢；期权合约离到期日越近，时间价值损耗越快。所以甲醇期权合约 MA502-C-2650 在 12 月 20 日损耗 0.9144 元，在 12 月 31 日前后，估计一天要损耗 1.32 元。

标的 零距 RA000		合约名称	最新	涨跌	涨幅%	成交量	持仓量	日增仓	开盘	最高	最低	结算	期权成交量	
到期日 20250113 (剩余10天)		甲醇2502	2676	22	0.83%	5725	78484	-53	2678	2684	2673	2671	7102	>>期权趋势下单
		甲醇VIX	17.13	0.12	0.70%	7253	136997	-784	17.00	17.16	17.00	16.97	7565	

行权比例	期权类型	行权价	到期日	Rho	Vega	Theta	Gamma	Delta	基准	<行权价>	看跌	Delta	Gamma	Theta	Vega	Rho	到期日	行权价	期权类型	行权比...
1.0	美式	2425.0	20250113	-0.0416	0.1525	-0.0517	0.0003	0.9894	C	2425	P	-0.0117	0.0003	-0.0728	0.1843	-0.0003	20250113	2425.0	美式	1.0
1.0	美式	2450.0	20250113	-0.0540	0.3906	-0.1004	0.0005	0.9799	C	2450	P	-0.0209	0.0003	-0.1197	0.4347	-0.0006	20250113	2450.0	美式	1.0
1.0	美式	2475.0	20250113	-0.0614	0.6025	-0.1705	0.0007	0.9641	C	2475	P	-0.0360	0.0007	-0.1878	0.6290	-0.0011	20250113	2475.0	美式	1.0
1.0	美式	2500.0	20250113	-0.0642	0.8587	-0.2613	0.0010	0.9411	C	2500	P	-0.0584	0.0007	-0.2766	0.8727	-0.0019	20250113	2500.0	美式	1.0
1.0	美式	2550.0	20250113	-0.0601	1.4836	-0.4944	0.0018	0.8672	C	2550	P	-0.1314	0.0016	-0.5057	1.4871	-0.0050	20250113	2550.0	美式	1.0
1.0	美式	2600.0	20250113	-0.0480	2.1546	-0.7433	0.0027	0.7505	C	2600	P	-0.2475	0.0027	-0.7502	2.1547	-0.0110	20250113	2600.0	美式	1.0
1.0	美式	2650.0	20250113	-0.0340	2.6576	-0.9144	0.0033	0.5978	C	2650	P	-0.3999	0.0033	-0.9169	2.6578	-0.0204	20250113	2650.0	美式	1.0
1.0	美式	2700.0	20250113	-0.0214	2.7923	-0.9339	0.0033	0.4309	C	2700	P	-0.5668	0.0033	-0.9318	2.7916	-0.0331	20250113	2700.0	美式	1.0
1.0	美式	2750.0	20250113	-0.0121	2.2166	-0.7988	0.0028	0.2780	C	2750	P	-0.7200	0.0028	-0.7922	2.2164	-0.0473	20250113	2750.0	美式	1.0
1.0	美式	2800.0	20250113	-0.0061	1.5586	-0.5784	0.0021	0.1596	C	2800	P	-0.8389	0.0021	-0.5675	1.5572	-0.0603	20250113	2800.0	美式	1.0
1.0	美式	2850.0	20250113	-0.0027	0.9319	-0.3577	0.0013	0.0811	C	2850	P	-0.9182	0.0013	-0.3426	0.9263	-0.0679	20250113	2850.0	美式	1.0
1.0	美式	2900.0	20250113	-0.0011	0.4733	-0.1897	0.0007	0.0363	C	2900	P	-0.9640	0.0007	-0.1706	0.4585	-0.0652	20250113	2900.0	美式	1.0
1.0	美式	2950.0	20250113	-0.0004	0.3180	-0.0873	0.0003	0.0145	C	2950	P	-0.9872	0.0003	-0.0643	0.2592	-0.0482	20250113	2950.0	美式	1.0

图 2-19　12 月 20 日甲醇期权的 T 型报价界面图

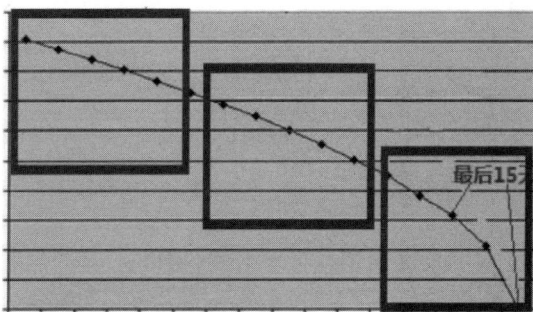

最后15天

图 2-20　期权合约时间价值损耗图

股票期权合约和股指期权合约每天损耗多少时间价值也可以通过对应的期权交易软件查看，大家可以自行查看。

延　伸

期权合约的时间价值在个别时间里没有减少，反而增加了，这是期权合约的隐含波动率上升引起的。

17. 期权末日轮的合约选择技巧

情　境

　　期权末日轮（即期权到期日当天的交易）是一个高风险但可能带来高收益的交易时段。在选择期权合约时，需要综合考虑多个因素，以确保在有限的时间内做出最优选择。

细节分析

　　末日轮交易的关键是选择合适的期权合约。以下是对不同期权合约的介绍。

- 实值期权合约：标的资产价格已经超过期权合约的行权价，实值期权合约的内在价值较高，时间价值较低。实值期权合约在到期时更有可能具有价值，但价格也相对较高。实值期权合约的涨跌值很接近标的的涨跌值，所以若上涨，会涨很多，若下跌，也会跌很多。

- 平值期权合约：平值期权合约的行权价接近标的资产的当前价格。平值期权合约的时间价值较高，但内在价值为零。平值期权合约随时可能变为实值或虚值，一念有内在价值，一念归零，交易起来非常刺激。

- 虚值期权合约：虚值期权合约的内在价值为零，但时间价值可能较高。如果标的在到期前有较大波动，虚值期权合约可能会变为实值。如果没有大波动，它们在到期时可能一文不值。虚值期权合约的价格较低，但风险较高，尽量少买入开仓。

最后再简单总结一下，期权末日轮一般选择平值期权合约为主，如果预期有大波动行情，则选择虚值期权合约，但也不能选太虚的期权合约，一般选择虚值一/二档的合约就好。有的期权合约虚值一档就要求标的大概要涨跌 5%才能达到行权价，比如对于科创 50ETF 期权，如图 2-21 所示，就不能选虚值一档的期权合约，只能选择平值的期权合约，这个细节也要注意一下。

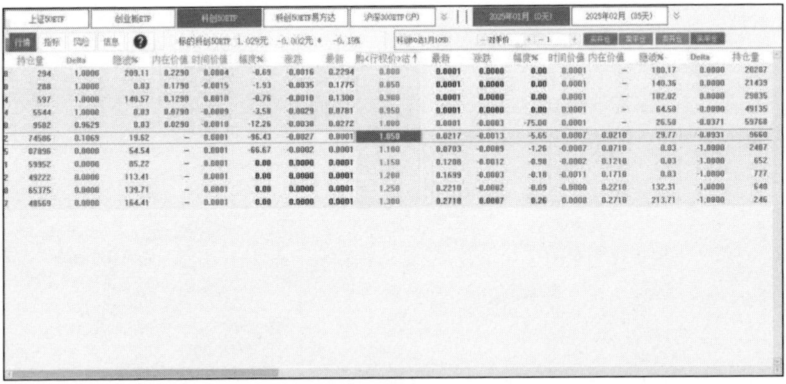

图 2-21 1 月 22 日科创 50ETF 期权的 T 型报价界面图

延 伸

狭义的期权末日轮一般指到期日当天的交易，而广义的期权末日轮可以延伸到到期日前 7 天的交易，这样时间更长，交易更从容，可交易性更强。

18. 稍等片刻再下单，让子弹飞一会儿

情　境

国庆长假过后，外围市场一片红，都在为我们祖国的生日喝彩，投资者也一致看多，都迫不及待地要进场做多，这时候如果着急开单，结果会怎样呢？

细节分析

2024 年 10 月 8 日，国庆长假后的第一个交易日，上证 50ETF 直接涨停开盘，出现难得一见的行情，也符合大家的预期。但是，如果开盘就做多，买入开仓上证 50ETF 购 10 月 2900，就会吃大亏。这个期权合约高开后一路走低，如图 2-22 所示。如果在 10:00 左右没有平仓，就没有更好的平仓价格了。如果开盘就下单，到中午收盘时会亏损 22.62%左右，到下午收盘，亏损达到 43.52%，惨不忍睹。所以有时候不能着急下单，让子弹飞一会儿后再下单，更稳健。特别是有重大事件公布、外盘暴涨暴跌或长假后，都要稍等片刻，看清盘面后再开仓。还有一个细节要注意，商品期货期权在开盘后 20 秒内和收盘前 20 秒内，盘口的流动性非常不好，下单时不要着急，要看清楚后再用限价委托交易，以避免不必要的亏损。

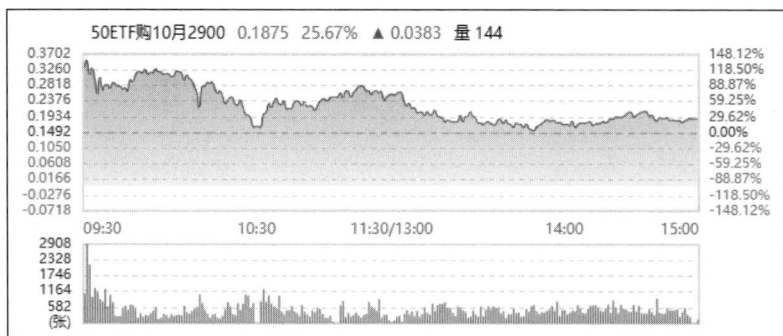

图 2-22　2024 年 10 月 8 日上证 50ETF 购 10 月 2900 分时图

延　伸

　　多等一下，多冷静一会儿，在交易过程中是非常必要的，特别是在市场极度亢奋的状态下，买方快速亏损 60%～80%的状况比比皆是，极其容易发生误判，宁可错过也不能做错，先"保住命"！

19. 商品期货期权一般使用限价委托方式

情　境

我们在交易商品期货期权合约时，应谨慎使用对手价委托方式，一般选择限价委托方式，这是为什么呢？

细节分析

在目前上市的商品期货期权中，上市时间比较久的品种（豆粕期权、白糖期权、铜期权等）成交量和流动性都很好，那些刚上市不久的品种，如原木期货期权（如图 2-23 所示），流动性不太好。在交易这些商品期货期权时尽量不要使用对手价委托方式，因为首先卖出一档和买入一档的报价有时候价差很大，这样交易的冲击成本太高了。其次，有时一些深度实值的期权合约的卖出一档和买入一档的报价的价差也很大，也要谨慎使用对手价委托方式。最后，当商品期货价格出现快速大幅上涨或下跌时，期权合约盘口的流动性也会很差，这时候也要谨慎使用对手价委托。所以，在交易商品期货期权时，一般选择限价委托方式进行交易比较稳健，虽然成交效率比较低，但至少不会损失太多的交易价差。如果要使用对手价委托交易，要看清楚盘口的价差再交易。

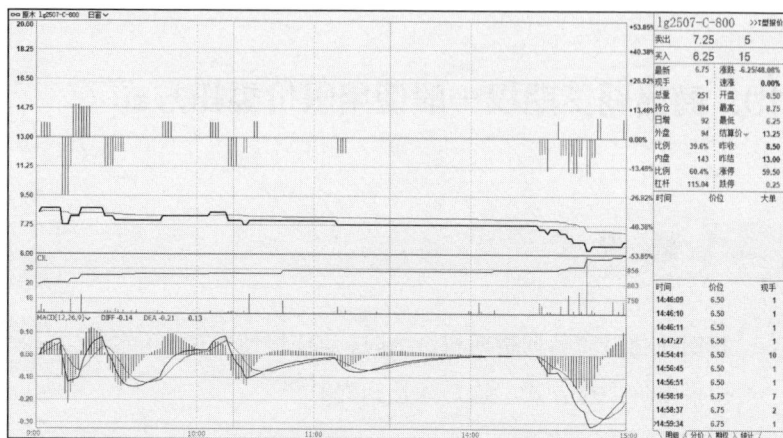

图 2-23　5 月 20 日原木期货期权 lg2507-C-800 分时走势图

延　伸

在商品期货期权开盘后几十秒内和收盘前几十秒内也要尽量选择限价委托交易，因为在这两个时间段，卖出一档和买入一档的报价有时候价差很大，使用限价委托可以避免不必要的亏损。

20. 想清仓，一键搞定

情 境

9 月 2 日，投资者持有 150 张上证 50ETF 沽 9 月 3200，想快速委托全部平仓，有什么好办法吗？

细节分析

如果想快速全部平仓某个期权合约，比如平仓所持有的 150 张卖出开仓上证 50ETF 沽 9 月 3200，则可以使用"平 100%"这个按钮，一点击这个按钮，就按最新价全部委托出去了。图 2-24 所示是期权宝期权交易软件的一键平仓界面。

持仓	资金	成交	委托	可撤委托	止盈止损		共8条		刷新	输出
序号	自定序号	合约代码	合约名称	合约类型	持仓类型	实际持仓	可用	Delta	成本价	最新价
1		10002247	50ETF沽9月3300	认沽	义务	90	90	255178.8000	-0.03540	0.0402
2		10002246	50ETF沽9月3200	认沽	义务	150	150	222040.5000	-0.02343	0.0174
3		10002245	50ETF沽9月3100	认沽	义务	100	100	70473.0000	-0.02116	0.0074
4										
5										
6										
7		10002239	50ETF购9月3400	认购	权利	150	80	818235.0000	0.07717	0.0904
8	统计					740		569374.600		

图 2-24　期权宝期权交易软件的一键平仓界面

我们再来看看汇点期权交易软件的一键平仓界面，如图 2-25 所示。如果想快速全部平仓某个期权合约，比如平仓所持有的 150 张卖出开仓上证 50ETF 沽 9 月 3200，则可以使用"平仓 150 张"这个按钮，一点击这个按钮，就按最新价全部委托出去了。

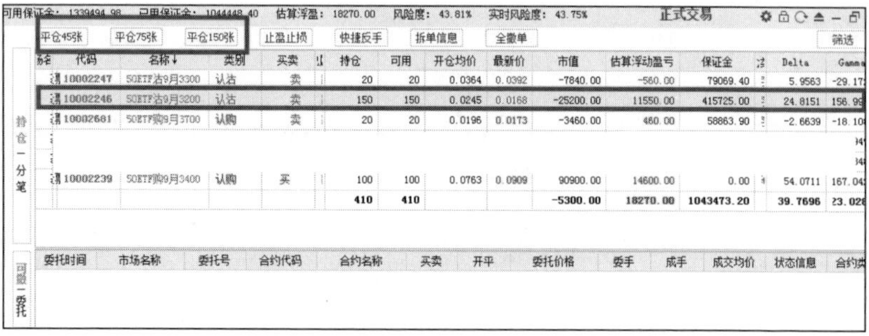

图 2-25　汇点期权交易软件的一键平仓界面

最后，我们来看看通达信期权交易软件的一键平仓界面，如图 2-26 所示。如果想平仓某个期权合约，比如平仓所持有的 50 张卖出开仓上证 50ETF 沽 9 月 3200，则可以使用"全平"这个按钮，一点击这个按钮，就按最新价全部委托出去了，这样就可以更快地平仓，而不需要分几次委托平仓。

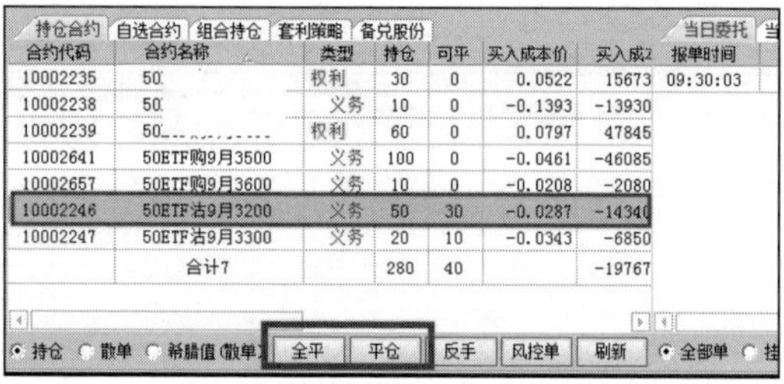

图 2-26　通达信期权交易软件的一键平仓界面

延　伸

如果只想平仓 50%，或者 1/3，那么选择其他对应的按钮就可以了。

21. 为什么买入开仓深实值的期权合约

情 境

买入开仓深实值的期权合约有什么好处呢?

细节分析

买入开仓深实值的期权合约,主要考虑以下几点:

第一,深实值的期权合约时间价值很少,可以当作持有现货的多单或空单。比如持有 1 张深实值的中证 500ETF 认购期权购 12 月 5250,相当于持有 10 000 股中证 500ETF 股票,持有 1 张深实值的中证 500ETF 认沽期权沽 12 月 6500,相当于融券卖出开仓 10 000 股中证 500ETF 股票,持仓盈亏跟中证 500ETF 的涨跌幅很接近。

第二,买入开仓深实值的期权合约一般有几倍的杠杆,如图 2-27 所示,杠杆的绝对值在 3~20 倍之间,这样可以节省资金,提高资金利用率。

第三,如果深实值的期权合约有贴水,也就是时间价值为负数,则其也是购买的原因之一,可以在赚点贴水的情况下加杠杆。比如深实值的中证 500ETF 认购期权购 12 月 5250 的时间价值是 -0.0049

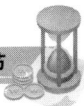

元，也就是说正常情况下可以多赚这个时间价值，但是一般当深实值的认购期权贴水比较多时，预示市场是偏空的。相反，当深实值的认沽期权贴水比较多时，预示市场是偏多的。

3	510500	中证500ETF	0.30	5.997	0.018	5.995	5.997	325.5万	176	0.02	1.77	5.931	6.016
4	510300	沪深300ETF	0.15	4.030	0.006	4.030	4.031	998.4万	943	0.00	1.09	4.000	4.038
5	510050	上证50ETF	-0.37	2.709	-0.010	2.708	2.710	562.8万	1787	-0.06	1.08	2.700	2.719

行情　价值　风险　自定　设置　2024年12月(0天)　12　01　03　06　12A

隐波%	Delta	实际杠杆	内在价	时间价	涨幅%	涨跌	现价	购<行权价>沽↑	现价	涨跌	涨幅%	时间价	内在价	实际杠杆	Delta	隐波%
0.01	1.000	5.06	1.1970	-0.0129	0.43	0.0051	1.1841	4.8000	0.0002	0.0000	0.00	0.0002	–	0.00	0.000	55.05
0.01	1.000	5.56	1.0970	-0.0190	-0.09	-0.0010	1.0780	4.9000	0.0002	0.0000	0.00	0.0002	–	0.00	0.000	50.36
0.01	1.000	6.04	0.9970	-0.0042	1.41	0.0138	0.9928	5.0000	0.0002	-0.0002	-50.00	0.0002	–	-9.00	-0.000	45.73
0.01	0.993	8.03	0.7470	-0.0049	1.80	0.0131	0.7421	5.2500	0.0008	0.0002	33.33	0.0008	–	-49.48	-0.007	39.96
0.01	0.940	11.45	0.4970	-0.0005	3.65	0.0175	0.4965	5.5000	0.0016	-0.0004	-20.00	0.0016	–	-195.28	-0.052	30.17
20.31	0.791	18.53	0.2470	0.0090	7.11	0.0170	0.2560	5.7500	0.0100	-0.0054	-35.06	0.0100	–	-125.16	-0.209	24.62
19.90	0.513	45.91	–	0.0670	2.60	0.0017	0.0670	6.0000	0.0715	-0.0191	-21.08	0.0685	0.0030	-40.85	-0.487	21.83
21.07	0.237	212.50	–	0.0067	-20.24	-0.0017	0.0067	6.2500	0.2597	-0.0223	-7.91	0.0067	0.2530	-17.61	-0.762	24.34
26.49	0.076	380.31	–	0.0012	-7.69	-0.0001	0.0012	6.5000	0.5077	-0.0251	-4.71	0.0047	0.5030	-10.91	-0.924	38.37
36.09	0.017	101.35	–	0.0010	25.00	0.0002	0.0010	6.7500	0.7537	-0.0216	-2.79	0.0007	0.7530	-7.82	-0.983	47.07
43.04	0.003	26.99	–	0.0006	-25.00	-0.0002	0.0006	7.0000	1.0094	-0.0150	-1.46	0.0064	1.0030	-5.92	-0.997	66.58
52.47	0.000	2.57	–	0.0007	-12.50	-0.0001	0.0007	7.2500	1.2513	-0.0229	-1.80	-0.0017	1.2530	-4.79	-1.000	65.04
55.05	0.000	0.00	–	0.0003	-25.00	-0.0001	0.0003	7.5000	1.5543	0.0333	2.19	0.0513	1.5030	-3.86	-1.000	126.80

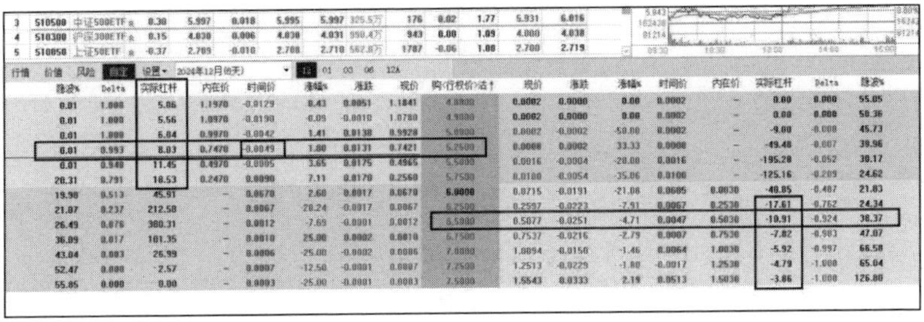

图 2-27　12 月 19 日中证 500ETF 期权 T 型报价图

第四，正常情况下，深实值的股票期权合约的流动性稍微好一些，而深实值的商品期权和股指期权合约的流动性比较差，所以要看看该合约的持仓量和交易量是否足够再开仓，以避免买进去后很难平仓出来。

第五，买入开仓深实值的期权合约可以代替期货合约，这样可以避免亏损无限的境地。在做错的情况下亏损有限，在做对的情况下盈利无限，因为期权的买方亏损有限，盈利无限。

延　伸

就不要卖出开仓深实值的期权合约了，因为卖出开仓后很难平仓，也不能主动行权后变成标的再平仓，所以一般只考虑卖出开仓浅实值的期权合约，请看下一节的详细介绍。

22. 为什么卖出开仓浅实值的期权合约

我们经常听到有投资者卖出开仓浅虚值的期权合约，为什么极少听到有投资者卖出开仓浅实值的期权合约？能卖出开仓浅实值的期权合约吗？

投资者之所以喜欢卖出开仓浅虚值的期权合约，是因为虽然该操作收益低一些，但操作风险也相对更低。如果卖出开仓深虚值的期权合约，那么风险更低，收益更低。如果投资者卖出开仓浅实值的期权合约，就意味着风险高一些，收益高一些。当然，投资者如果敢卖出开仓浅实值的期权合约，那么多半是因为他对行情有更大的把握，愿意承担更高的风险，来获得更高的收益。卖出开仓浅实值的期权合约，意味着除想赚期权合约的时间价值外，还想赚期权合约的内在价值，也就是想多赚方向上的钱。所以当对期权标的方向有更大的把握时，就可以卖出开仓浅实值的期权合约。比如卖出开仓铝期货的看跌期权 al2502-P-20000，现价为 310 元/张，如图 2-28 所示。其中内在价值为 210 元/张，时间价值为 100 元/张。如果铝期货到期时涨到 20 000 元以上，那么卖出开仓铝期货实值二档看跌期权 al2502-P-20000，就能赚 310 元/张（未乘以乘数 5），其中包括内在价值 210 元/张（未乘以乘数 5）。而如果卖出开仓铝期货虚值二档看跌期权 al2502-P-1960，就只能赚 116 元/张（未乘以乘数 5），没有赚到内在价值。

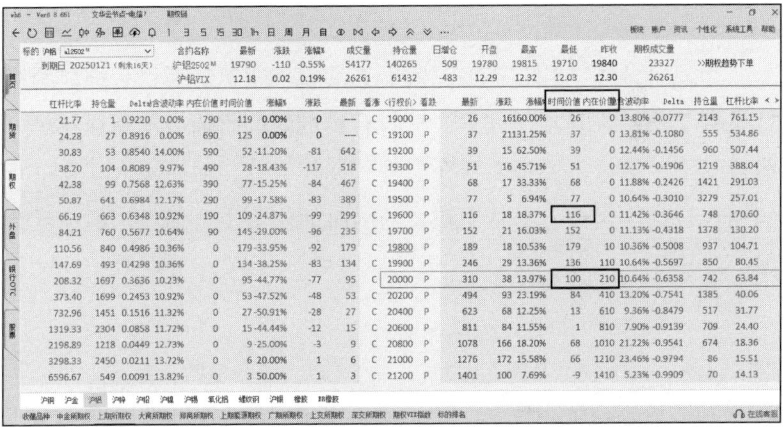

标的 沪铝 al2502	合约名称	最新	涨跌	涨幅%	成交量	持仓量	日增仓	开盘	最高	最低	昨收	期权成交量
到期日 20250121（剩余16天）	沪铝2502	19790	-110	-0.55%	54177	140265	509	19780	19815	19710	19840	23327
	沪铝VIX	12.18	0.02	0.19%	26261	61432	-483	12.29	12.32	12.03	12.30	26261

杠杆比率	持仓量	Delta	含波动率	内在价值	时间价值	涨幅%	涨跌	最新	看涨	〈行权价〉	看跌	最新	涨跌	涨幅%	时间价值	内在价值	含波动率	Delta	持仓量	杠杆比率
21.77	1	0.9220	0.00%	790	119	0.00%	0	---	C	19000	P	26	16	160.00%	26	0	13.80%	-0.0777	2143	761.15
24.28	27	0.8916	0.00%	690	125	0.00%	0	---	C	19100	P	37	21	131.25%	37	0	13.81%	-0.1080	555	534.86
30.83	53	0.8540	14.00%	590	52	-11.20%	-81	642	C	19200	P	39	15	62.50%	39	0	12.44%	-0.1456	960	507.44
38.20	104	0.8089	9.97%	490	28	-18.43%	-117	518	C	19300	P	51	16	45.71%	51	0	12.17%	-0.1906	1219	388.04
42.38	99	0.7568	12.63%	390	77	-15.25%	-84	467	C	19400	P	68	17	33.33%	68	0	11.88%	-0.2426	1421	291.03
50.87	641	0.6984	12.17%	290	99	-17.58%	-83	389	C	19500	P	77	5	6.94%	77	0	10.64%	-0.3010	3279	257.01
66.19	663	0.6348	10.92%	190	109	-24.87%	-99	299	C	19600	P	116	18	18.37%	116	0	11.42%	-0.3646	748	170.60
84.21	760	0.5677	10.64%	90	145	-29.00%	-96	235	C	19700	P	152	21	16.03%	152	0	11.13%	-0.4318	1378	130.20
110.56	840	0.4986	10.36%	0	179	-33.95%	-92	179	C	19800	P	189	18	10.53%	179	10	10.36%	-0.5008	937	104.71
147.69	493	0.4298	10.36%	0	134	-38.25%	-83	134	C	19900	P	246	29	13.36%	136	110	10.64%	-0.5697	850	80.45
208.32	1697	0.3636	10.23%	0	95	-44.77%	-77	95	C	20000	P	310	38	13.97%	100	210	10.64%	-0.6358	742	63.84
373.40	1699	0.2453	10.92%	0	53	-47.52%	-48	53	C	20200	P	494	93	23.19%	84	410	13.20%	-0.7541	1385	40.06
732.96	1451	0.1516	11.32%	0	27	-50.91%	-28	27	C	20400	P	623	68	12.25%	13	610	9.36%	-0.8479	517	31.77
1319.33	2304	0.0858	11.72%	0	15	-44.44%	-12	15	C	20600	P	811	84	11.55%	1	810	7.90%	-0.9139	709	24.40
2198.89	1218	0.0449	12.73%	0	9	-25.00%	-3	9	C	20800	P	1078	166	18.20%	68	1010	21.22%	-0.9541	674	18.36
3298.33	2450	0.0211	13.72%	0	6	20.00%	1	6	C	21000	P	1276	172	15.58%	66	1210	23.46%	-0.9794	86	15.51
6596.67	549	0.0091	13.82%	0	3	50.00%	1	3	C	21200	P	1401	100	7.69%	-9	1410	5.23%	-0.9909	70	14.13

图 2-28　1 月 5 日铝期货 al2502 期权 T 型报价图

延　伸

一般不建议卖出开仓深实值的期权合约，一是因为深实值的期权合约流动性不好，二是因为卖出开仓后，不能主动行权后变成期货合约，只能等被行权，但是正常情况下都没有人行权。如果一直持仓朝不利的方向走，则没法平仓，只能干看着亏损不断扩大。

23. 买当月期权合约不如买下月期权合约

情　境

2025 年 1 月 15 日，沪深 300ETF 期权 1 月份的期权合约离到期日只剩 7 天，在这段时间里，期权合约的时间价值会加速损耗。一般情况下，尽量不要买入开仓当月的期权合约，而应买入开仓下月的期权合约。当然，下月期权合约的时间价值也会损耗，但损耗会少一些。

细节分析

我们举例来分析这个细节。如表 2-2 所示，沪深 300ETF 从 1 月 15 日至 1 月 22 日上涨 0.0003 元，认购期权沪深 300ETF 购 1 月 3900（如图 2-29 所示）的时间价值损耗 0.0329 元。而认购期权沪深 300ETF 购 2 月 3900（如图 2-30 所示）的时间价值损耗 0.0167 元。

我们再来看看认沽期权合约表现如何。沪深 300ETF 沽 1 月 3900 的时间价值损耗 0.0333 元，而沪深 300ETF 沽 2 月 3900 的时间价值损耗 0.0078 元。很明显，不管是认购期权还是认沽期权合约，1 月的期权合约损耗的时间价值都比 2 月的期权合约损耗的时间价值多。所以，当期权合约临近到期时，一般情况下，尽量不要买入开

仓当月的期权合约，而应买入开仓下月的期权合约。除非预期临近
到期时有大行情，才买入开仓当月的期权合约，因为当月的期权合
约价格低，碰到大行情时涨的倍数多。

表 2-2　期权合约时间价值损耗表

标的	1 月 15 日价格	1 月 22 日价格	总盈亏值	时间价值盈亏值
沪深 300ETF	3.883 元	3.886 元	0.0003 元	0
购 1 月 3900	0.0330 元	0.0001 元	−0.0329 元	−0.0329 元
购 2 月 3900	0.0919 元	0.0752 元	−0.0167 元	−0.0167 元
沽 1 月 3900	0.0499 元	0.0166 元	−0.0333 元	−0.0333 元
沽 2 月 3900	0.1001 元	0.0923 元	−0.0078 元	−0.0078 元

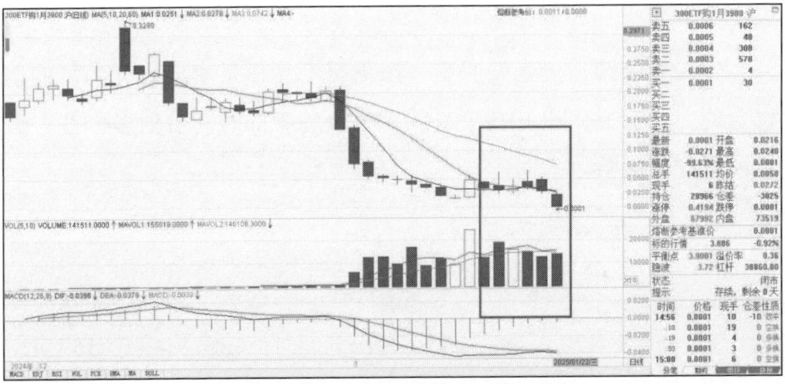

图 2-29　认购期权沪深 300ETF 购 1 月 3900 的日 K 线图

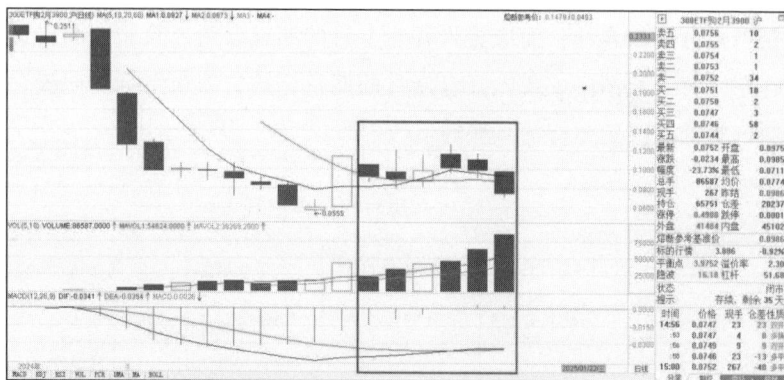

图 2-30　认购期权沪深 300ETF 购 2 月 3900 的日 K 线图

延　伸

当期权合约临近到期时，一般情况下，尽量卖出开仓当月的期权合约，这会比卖出开仓下月的期权合约赚的时间价值多一些，但要注意控制风险。

24．虚值期权合约到期时一定"归零"吗

情　境

　　一般情况下，当虚值期权合约到期时，其时间价值确实会"归零"，价格也剩下最小一个报价单位，俗称"归零"，这是期权定价理论和市场实践中的一个基本规律。那么会不会出现虚值期权合约的价格不"归零"的情况呢？

细节分析

　　其实有几种情况会出现虚值期权合约到期时价格不"归零"的情况，也就是说还有时间价值。

　　第一，在实际交易中，期权合约的买卖价差和交易成本会影响其价格。即使期权合约到期时为虚值，其时间价值可能仍大于零，以补偿交易成本和流动性风险。比如有的虚值期权合约的时间价值是 0.0004 元。

　　第二，投资者的情绪和投机行为可能导致期权价格偏离其理论价值，即使期权合约到期时为虚值，市场参与者也可能仍愿意支付一定的价格，以获取潜在的波动性收益。比如有的虚值认沽期权合约的价格是 0.0100 元。

第三，期权标的的结算价和收盘价不一样，导致期权合约到期时为虚值，但时间价值仍大于零，比如有的虚值看跌期权合约的价格是 0.8 元。

第四，即使期权合约到期时为虚值，市场参与者也可能仍对标的资产的后市波动性有较高预期。这种预期可能导致期权合约在到期时仍有一定的价值。比如 2023 年 12 月 7 日是碳酸锂期货 lc2401 期权合约的到期日，如图 2-31 所示，当天碳酸锂期货 lc2401 涨停，收盘价为 95 600 元，按道理碳酸锂期货 lc2401 看涨期权合约 lc2401-C-96000 是虚值合约，要归零，但是收盘价却是 4170 元，足足涨了 417 倍。按照这个期权合约的价格计算，投资者预期碳酸锂期货 lc2401 第二天的开盘价格至少要在 99 770 元。因为当天是碳酸锂期货 lc2401 期权合约的到期日，所以投资者买入开仓看涨期权合约 lc2401-C-96000 后，提交行权申请，就可以在下一交易日直接拿到期货合约的多单，从而不错过上涨的行情。

图 2-31　2023 年 12 月 7 日碳酸锂期货 lc2401 期权合约 lc2401-C-96000 分时图

　　这个细节案例给我们一个启发，当标的期货涨停，又预期下一交易日大涨，期货的多单买不到或期货的空单平不掉时，就买入开仓浅虚值的认购期权合约，这样就不会错过上涨行情了。

延　伸

　　平值期权合约到期时也可能"归零"，留给读者朋友自己观察。

25. 到期时认购期权合约的时间价值为负数，如何套利

情 境

2024 年 12 月 25 日，是上证 50ETF 期权 12 月合约的到期日，我们从图 2-32 中可以看到，认购期权上证 50ETF 购 12 月 2650 的时间价值为-0.0121 元，认购期权上证 50ETF 购 12 月 2700 的时间价值为-0.0080 元，认购期权上证 50ETF 购 12 月 2750 的时间价值为-0.0120 元，如何套取这个负的时间价值呢？

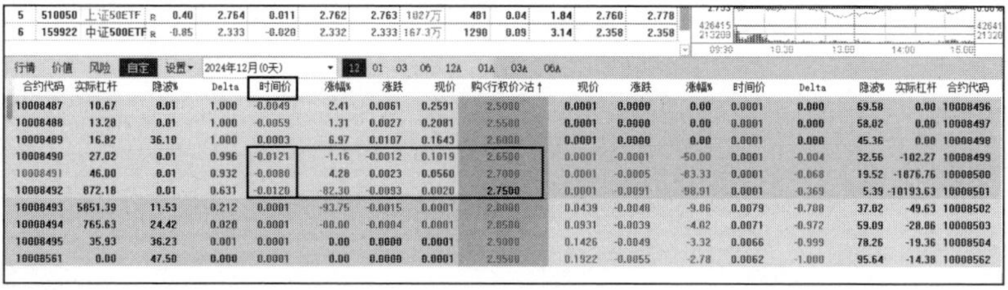

5	510050	上证50ETF	0.40	2.764	0.011	2.762	2.763	1027万	481	0.04	1.84	2.760	2.778
6	159922	中证500ETF	-0.85	2.333	-0.020	2.332	2.333	167.3万	1290	0.09	3.14	2.358	2.358

行情 价值 风险 自定 设置 2024年12月(0天) 12 01 03 06 12A 01A 03A 06A

合约代码	实际杠杆	隐波%	Delta	时间价	涨幅%	涨跌	现价	购<行权价>沽↑	现价	涨跌	涨幅%	时间价	Delta	隐波%	实际杠杆	合约代码
10008487	10.67	0.01	1.000	-0.0049	2.41	0.0061	0.2591	2.5000	0.0001	0.0000	0.00	0.0001	0.000	69.58	0.00	10008496
10008488	13.28	0.01	1.000	-0.0059	1.31	0.0027	0.2081	2.5500	0.0001	0.0000	0.00	0.0001	0.000	58.02	0.00	10008497
10008489	16.82	36.10	1.000	0.0003	6.97	0.0107	0.1643	2.6000	0.0001	0.0000	0.00	0.0001	0.000	45.36	0.00	10008498
10008490	27.02	0.01	0.996	-0.0121	-1.16	-0.0012	0.1019	2.6500	0.0001	-0.0001	-50.00	0.0001	-0.004	32.56	-102.27	10008499
10008491	46.00	0.01	0.932	-0.0080	4.28	0.0023	0.0560	2.7000	0.0001	-0.0005	-83.33	0.0001	-0.068	19.52	-1876.76	10008500
10008492	872.18	0.01	0.631	-0.0120	-82.30	-0.0093	0.0020	2.7500	0.0001	-0.0091	-98.91	0.0001	-0.369	5.39	-10193.63	10008501
10008493	5851.39	11.53	0.212	0.0001	-93.75	-0.0015	0.0001	2.8000	0.0439	-0.0048	-9.86	0.0079	-0.788	37.02	-49.63	10008502
10008494	765.63	24.42	0.028	0.0001	-80.00	-0.0004	0.0001	2.8500	0.0931	-0.0039	-4.02	0.0071	-0.972	59.09	-28.06	10008503
10008495	35.93	36.23	0.001	0.0001	0.00	0.0000	0.0001	2.9000	0.1426	-0.0049	-3.32	0.0066	-0.999	78.26	-19.36	10008504
10008561	0.00	47.50	0.000	0.0001	0.00	0.0000	0.0001	2.9500	0.1922	-0.0055	-2.78	0.0062	-1.000	95.64	-14.38	10008562

图 2-32　2024 年 12 月 25 日上证 50ETF 期权 T 型报价图

细节分析

在正常情况下，当期权合约到期时，时间价值为 0 元，如果出现负数或者正数，则不正常，可能有套利机会。我们以上面这个期

权合约上证 50ETF 购 12 月 2750 为例，介绍如何套取这个负时间价值。这个合约是平值合约，流动性比较好，并且它的时间价值为-0.0120元，比较高，所以选它来套利比较合适。

　　套利的方式有两种，第一种，如果投资者在 12 月 25 日收盘前持有 10000 股上证 50ETF 股票，只要在收盘前买入开仓 1 张上证 50ETF 购 12 月 2750，并卖出平仓持有的 10 000 股上证 50ETF 股票，在当天 15:30 前确保期权账户有 27 640 元以上的资金，并在当天 15:30 前提交行权申请指令，这样坐等行权交割就可以了，相当于置换一下上证 50ETF 股票而已，就可以套取 120 元的时间价值，当然还要扣除交易费用和行权费用；第二种，如果投资者在 12 月 25 日收盘前买入开仓 1 张上证 50ETF 购 12 月 2750，收盘前在融资融券账户融券卖出开仓 10 000 股上证 50ETF 股票，在当天 15:30 前确保期权账户有 27 640 元以上的资金，并在当天 15:30 前提交行权申请指令，这样坐等行权交割就可以了，可以套取 120 元的时间价值，当然还要扣除融券利息、交易费用和行权费用等，在第 3 个交易日还要把行权得到的 10 000 股上证 50ETF 股票卖出平仓和融资融券账户的 10 000 股上证 50ETF 股票买入平仓，这样就结束了。感觉有点复杂，并且还要确保能融券卖出开仓 10 000 股上证 50ETF 股票，不然就只能采取别的方法对冲下跌的风险，这里就不展开讲了。

延　伸

　　期权合约到期，认购期权合约的时间价值为正数时，也可以进行套利，这里就不展开讲了，读者可以自己研究一下。

26．到期时认沽期权合约的时间价值为负数，如何套利

情　境

2024 年 12 月 25 日，是中证 500ETF 期权 12 月合约的到期日，我们从图 2-33 中可以看到，认沽期权中证 500ETF 沽 12 月 6000 的时间价值为-0.0133 元，如何套取这个负的时间价值呢？

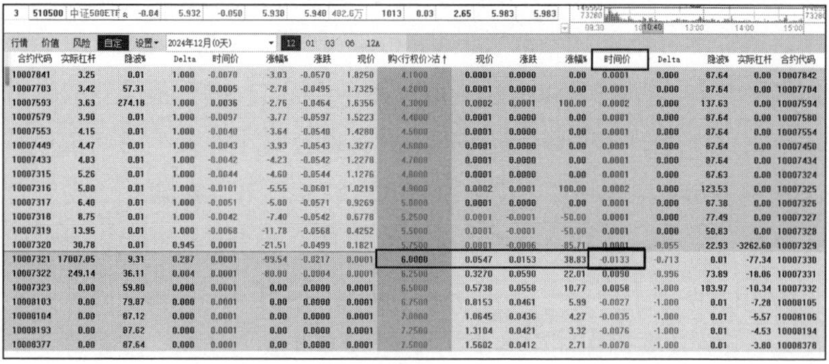

图 2-33　2024 年 12 月 25 日中证 500ETF 期权 T 型报价图

细节分析

正常情况下，期权合约到期时，时间价值为 0 元，如果出现负

数或者正数，则不正常，可能有套利机会。我们以上面这个期权合约中证 500ETF 沽 12 月 6000 为例，介绍如何套取这个负时间价值。这个期权合约是平值合约，流动性比较好，并且它的时间价值为 −0.0133 元，所以选它来套利比较合适。套利的方式如下，投资者在 12 月 25 日收盘前持有 10 000 股中证 500ETF 股票，只要在收盘前买入开仓 1 张认沽期权中证 500ETF 沽 12 月 6000，并在当天 15:30 前提交行权指令，这样坐等行权交割，把持有的 10 000 股中证 500ETF 股票交割给被行权方，就可以套取 133 元的时间价值，当然还要扣除交易费用和行权费用。在第 2 个交易日晚上行权交割的中证 500ETF 股票资金才到期权账户里，等到第 3 个交易日才可以买股票。本例的期权合约为中证 500ETF 沽 12 月 6000，其时间价值为负，但绝对值较小，套利的空间不是很大。

延　伸

　　当期权合约到期，认沽期权合约的时间价值为正数时，也可以进行套利，这里就不展开讲了，读者可以自己研究一下。

27．合并行权的秘密

情　境

2024 年 12 月 25 日为中证 500ETF 期权到期日，如图 2-34 所示，期权合约在收盘集合竞价时，出现了难得的合并行权套利的机会，具体要怎么操作呢？

合约代码	实际杠杆	隐波	Delta	时间价	涨幅%	涨跌	现价	购(行权价)沽↑	现价	涨跌	涨幅%	时间价	Delta	隐波	实际杠杆	合约代码
10007841	3.25	0.01	1.000	-0.0078	-3.03	-0.0570	1.8250	4.1000	0.0001	0.0000		0.0001	0.000	87.64	0.00	10007842
10007703	3.42	57.31	1.000	0.0005	-2.78	0.0495	1.7325	4.2000	0.0001	0.0000		0.0001	0.000	87.64	0.00	10007704
10007593	3.63	274.18	1.000	0.0036	-2.76	0.0464	1.6356	4.3000	0.0002	0.0001	100.00	0.0002	0.000	137.63	0.98	10007594
10007579	3.90	0.01	1.000	-0.0097	-3.77	-0.0597	1.5223	4.4000	0.0001	0.0001		0.0001	0.000	87.64	0.00	10007554
10007553	4.15	0.01	1.000	-0.0046	-3.64	-0.0549	1.4280	4.5000	0.0001	0.0000		0.0001	0.000	87.64	0.00	10007554
10007449	4.47	0.01	1.000	-0.0043	-3.93	-0.0543	1.3277	4.6000	0.0001	0.0000		0.0001	0.000	87.64	0.00	10007450
10007433	4.82	0.01	1.000	-0.0042	-4.23	-0.0542	1.2270	4.7000	0.0001	0.0000		0.0001	0.000	87.64	0.00	10007434
10007315	5.26	0.01	1.000	-0.0044	-4.60	-0.0544	1.1276	4.8000	0.0001	0.0000		0.0001	0.000	87.63	0.00	10007324
10007316	5.80	0.01	1.000	-0.0101	-5.55	-0.0601	1.0213	4.9000	0.0002	0.0001	100.00	0.0002	0.000	123.53	0.00	10007326
10007317	6.40	0.01	1.000	-0.0051	-5.80	-0.0571	0.9268	5.0000	0.0001	0.0001		0.0001	0.000	97.38	0.00	10007326
10007318	8.75	0.01	1.000	-0.0042	-7.40	-0.0542	0.6770	5.2500	0.0001	0.0001	50.00	0.0001	0.000	77.49	0.00	10007327
10007319	13.95	0.01	1.000	-0.0060	-11.78	-0.0568	0.4252	5.5000	0.0001	0.0001	50.00	0.0001	0.000	50.03	0.00	10007328
10007320	30.78	0.01	0.945	0.0001	-21.51	-0.0499	0.1821	5.7500	0.0001	0.0006	-85.71	0.0001	-0.055	22.93	-3262.60	10007329
10007321	17007.05	9.31	0.287	0.0001	-99.54	-0.0217	0.0001	6.0000	0.0547	0.0153	38.83	-0.8133	-0.713	0.01	-77.34	10007330
10007322	249.14	36.11	0.084	0.0001	-80.00	-0.0004	0.0001	6.2500	0.3270	0.0590	22.01	0.0090	-0.996	73.09	-18.06	10007331
10007323	0.00	59.00	0.000	0.0001	0.00	0.0000	0.0001	6.5000	0.5738	0.0558	10.77	0.0058	-1.000	103.97	-18.34	10007332
10008103	0.00	79.87	0.000	0.0001	0.00	0.0000	0.0001	6.7500	0.8153	0.0461	5.99	-0.0027	-1.000	0.01	-7.20	10008105
10008104	0.00	87.12	0.000	0.0001	0.00	0.0000	0.0001	7.0000	1.0645	0.0436	4.27	-0.0035	-1.000	0.01	-5.57	10008106
10008193	0.00	87.62	0.000	0.0001	0.00	0.0000	0.0001	7.2500	1.3184	0.0421	3.32	-0.0076	-1.000	0.01	-4.53	10008194
10008377	0.00	87.64	0.000	0.0001	0.00	0.0000	0.0001	7.5000	1.5602	0.0412	2.71	-0.0078	-1.000	0.01	-3.80	10008378

图 2-34　2024 年 12 月 25 日中证 500ETF 期权 T 型报价图

细节分析

合并行权是指在行权日，同时持有相同标的证券的当日到期认购期权和认沽期权（认沽期权行权价必须高于认购期权）权利仓的

投资者，可通过提交合并行权指令申报委托，实现认购期权和认沽期权合约的同步行权，节约用于行权的资金或标的证券占用量。投资者可以在行权日全天，即 9:15 ~ 9:25、9:30 ~ 11:30、13:00 ~ 15:30 这几个时间段向期权经营机构提出合并行权申报委托。

合并行权的好处如下。

首先，合并行权申报的出现，有效提高了期权投资者的资金使用效率。因为 ETF 期权是实物交割的，所以到期日当天决定行权的认购期权合约的买方需要准备足够的现金用于行权。举个例子，行权日当天中证 500ETF 的价格是 6.00 元，认购期权的买方提出 1 张行权价为 6.000 元的合约行权，投资者需要在周三准备至少 60 000.0 元现金，在周四晚上才能收到中证 500ETF 现货，周五才能卖出平仓。如果这两天内现货价格有波动，行权的投资者就可能会因此遭受损失。而通过合并行权申报，投资者可以直接获得认购、认沽两个期权合约行权价之差的金额，不仅缩短了资金被占用的时间，也规避了交收期间现货的隔夜风险。

其次，合并行权申报的出现，降低了 ETF 期权市场中投资者交收违约的风险。原因在于合并行权申报减少了实际交割的合约数量，实际上减少了每月合约到期时"被行权"的义务方人数，从而减小了期权行权违约发生的可能性。

最后，合并行权申报降低了交割风险，从而避免行权日实值期权大幅折价交易的情况发生。引入合并行权申报后，持有实值期权合约的投资者可以更方便地"变现"。回溯历史数据可以发现，有时候会出现深实值的期权合约（包括认购和认沽，认购的比例更高一

些）时间价值为零甚至为负的现象。这一方面可以解释为临近到期日期权买方情绪不高，另一方面也可以解释为直接行权风险收益不确定，通过实值期权合约进行套利的难度也大，导致临到期时，深实值期权合约的持有方更倾向于折价抛售。

2024 年 12 月 25 日就出现了难得的合并行权套利机会，在收盘集合竞价时，认购期权中证 500ETF 购 12 月 5500 的时间价值为 -0.0068 元，认沽期权中证 500ETF 沽 12 月 6000 的时间价值为 -0.0133 元，这两个合约存在合并行权潜在套利 0.0201 元，再扣除交易费用和行权费用总共 0.0012 元，得出合并行权的利润为 0.0189 元——还算不错的无风险收益，当然这个套利有点难度，要求眼疾手快，否则就套不到了。这就是合并行权的秘密。合并行权操作界面如图 2-35 所示。

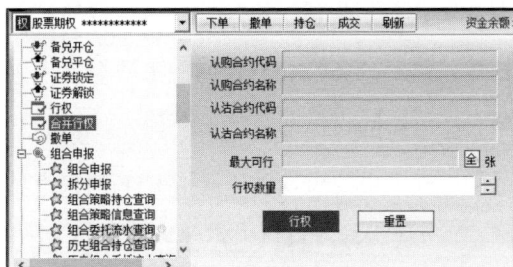

图 2-35　合并行权操作界面

延　伸

目前商品期货期权没有合并行权申报的功能，也许未来会有。

28．期权行权的细节

情　境

2024 年 11 月 27 日，是上海证券交易所和深圳证券交易所的期权合约行权日，行权究竟是什么样的？行权有哪些要注意的细节？

细节分析

行权分为主动行权和被动行权，期权合约的权利方（买方）的行权是主动行权，而期权合约的义务方（卖方）的行权是被动行权。以沪深 300ETF 认购期权的买方为例，投资者持有 1 张沪深 300ETF 购 11 月 3900 期权合约，如图 2-36 所示。如果主动行权，需要期权账户中有 39 870.0 元以上的资金才可以提交行权申请，否则就提交不了，白白损失该期权合约的权利金。周四晚上行权交收后，期权账户被扣走对应的资金，而股票账户多了 10 000 股沪深 300ETF 股票。作为该期权合约的义务方（卖方），需要在周四收盘前，在股票账户准备 10 000 股沪深 300ETF 股票，周四晚上被行权交收后，期权账户增加对应的资金，而股票账户被扣走 10 000 股沪深 300ETF 股票。

杠杆比率	持仓量	Delta	隐含波动率	内在价值	时间价值	涨幅%	涨跌	最新	看涨	<行权价>	看跌	最新	涨跌	涨幅%	时间价值	内在价值	隐含波动率	Delta	持仓量	杠杆比率
5.18	301	1.0000	53.45%	0.7870	-0.0172	6.36%	0.0460	0.7698	C	3.200	P	0.0001	0.0000	0.00%	0.0001	0.0000	140.35%	-0.0000	6207	39870.00
6.05	252	1.0000	31.73%	0.6870	-0.0275	5.81%	0.0362	0.6595	C	3.300	P	0.0001	0.0000	0.00%	0.0001	0.0000	85.86%	-0.0000	9767	39870.00
6.87	404	1.0000	40.62%	0.5870	-0.0067	10.96%	0.0573	0.5803	C	3.400	P	0.0001	0.0000	0.00%	0.0001	0.0000	57.85%	-0.0000	6936	39870.00
8.31	845	1.0000	32.10%	0.4870	-0.0070	13.23%	0.0561	0.4800	C	3.500	P	0.0001	0.0000	0.00%	0.0001	0.0000	80.25%	-0.0000	9505	39870.00
10.28	1852	1.0000	25.82%	0.3870	-0.0070	20.03%	0.0647	0.3877	C	3.600	P	0.0001	0.0000	0.00%	0.0001	0.0000	43.20%	-0.0000	11762	39870.00
14.09	2096	0.9995	15.66%	0.2870	-0.0040	26.91%	0.0600	0.2830	C	3.700	P	0.0001	0.0000	0.00%	0.0001	0.0000	41.57%	-0.0001	20497	39870.00
22.03	6989	0.9924	11.66%	0.1870	-0.0060	46.80%	0.0577	0.1810	C	3.800	P	0.0001	-0.0001	-50.00%	0.0001	0.0000	31.00%	-0.0002	35991	39870.00
46.91	12997	0.8663	6.40%	0.0870	-0.0020	164.80%	0.0529	0.0850	C	3.900	P	0.0001	-0.0086	-98.85%	0.0001	0.0000	21.22%	-0.1337	40618	39870.00
19935.00	39143	0.4404	1.16%	0.0000	0.0001	-91.30%	-0.0021	0.0002	C	4.000	P	0.0028	-0.0763	-96.46%	-0.0102	0.0130	1.35%	-0.5596	18214	1423.93
39870.00	48382	0.0841	12.00%	0.0000	0.0001	-66.67%	-0.0002	0.0001	C	4.100	P	0.1125	-0.0645	-36.44%	-0.0005	0.1130	51.18%	-0.9159	10739	35.44
39870.00	34228	0.0050	28.68%	0.0000	0.0001	0.00%	0.0000	0.0001	C	4.200	P	0.2104	-0.0666	-24.04%	-0.0026	0.2130	74.85%	-0.9944	4564	18.95
39870.00	35776	0.0001	32.44%	0.0000	0.0001	0.00%	0.0000	0.0001	C	4.300	P	0.3137	-0.0635	-16.83%	0.0007	0.3130	108.90%	-1.0000	2328	12.71
39870.00	31185	0.0001	63.49%	0.0000	0.0001	0.00%	0.0000	0.0001	C	4.400	P	0.4181	-0.0604	-12.62%	0.0015	0.4130	145.19%	-1.0000	1529	9.54
39870.00	21427	0.0001	53.26%	0.0000	0.0001	0.00%	0.0000	0.0001	C	4.500	P	0.5149	-0.0647	-11.16%	0.0059	0.5130	159.15%	-1.0000	595	7.74
39870.00	24819	0.0001	90.83%	0.0000	0.0001	0.00%	0.0000	0.0001	C	4.600	P	0.6142	-0.0654	-9.62%	0.0012	0.6130	178.55%	-1.0000	691	6.49
39870.00	18255	0.0001	66.32%	0.0000	0.0001	0.00%	0.0000	0.0001	C	4.700	P	0.7183	-0.0587	-7.55%	0.0053	0.7130	214.12%	-1.0000	394	5.55

图 2-36 2024 年 11 月 27 日沪深 300ETF 期权 T 型报价图

以深证 100ETF 认沽期权的买方为例，12 月 25 日是到期日，投资者持有 1 张深证 100ETF 沽 12 月 2850 期权合约，如图 2-37 所示。如果主动行权，需要股票账户中有 10 000 股深证 100ETF 股票才可以提交行权申请，否则就提交不了，白白损失该期权合约的权利金。周四晚上行权交收后，期权账户增加对应的资金，而股票账户被扣走 10 000 股深证 100ETF 股票。作为该期权合约的义务方（卖方），需要在周四收盘前，在期权账户中准备 28 120.0 元以上的资金，周四晚上行权交收后，期权账户被扣走对应的资金，而股票账户增加了 10 000 股深证 100ETF 股票，周五才可以卖掉该股票。在以上行权过程中要注意一个细节，资金交收都发生在期权账户，而股票交收都发生在股票账户。

| 9 | 159901 | 深证100ETF R | -0.42 | 2.812 | -0.012 | 2.811 | 2.812 | 347463 | 535 | 0.00 | 1.38 | 2.824 | 2.831 |

合约代码	实际杠杆	隐波%	Delta	时间价	涨幅%	涨跌	现价	购<行权价>沽↑	现价	涨跌	涨幅%	时间价	Delta	隐波%	实际杠杆	合约代码
90003515	5.68	0.01	1.000	-0.0099	-4.23	-0.0222	0.5021	2.3000	0.0001	0.0000	0.00	0.0001	0.000	94.99	0.00	90003524
90003516	6.10	0.01	1.000	-0.0008	-2.76	-0.0131	0.4612	2.3500	0.0001	0.0000	0.00	0.0001	0.000	94.78	0.00	90003525
90003517	6.84	0.01	1.000	-0.0009	-3.11	-0.0132	0.4111	2.4000	0.0001	0.0000	0.00	0.0001	0.000	93.61	0.00	90003526
90003518	7.79	0.01	1.000	-0.0011	-3.58	-0.0134	0.3609	2.4500	0.0001	0.0000	0.00	0.0001	0.000	89.39	0.00	90003527
90003519	9.09	92.76	1.000	0.0006	-3.61	-0.0117	0.3176	2.5000	0.0001	0.0000	0.00	0.0001	0.000	80.58	0.00	90003528
90003520	10.98	0.01	1.000	-0.0035	-5.76	-0.0150	0.2505	2.5500	0.0001	0.0000	0.00	0.0001	0.000	68.96	0.00	90003529
90003521	13.92	0.01	1.000	-0.0100	-9.98	-0.0224	0.2020	2.6000	0.0001	0.0000	0.00	0.0001	-0.000	56.54	-8.44	90003530
90003586	17.81	0.01	1.000	-0.0050	-9.96	-0.0174	0.1570	2.6500	0.0001	0.0000	0.00	0.0001	-0.005	44.16	-154.66	90003586
90003591	24.95	0.01	0.959	-0.0039	-13.10	-0.0163	0.1001	2.7000	0.0001	0.0000	0.00	0.0001	-0.041	31.56	-1144.48	90003593
90003594	38.11	0.01	0.832	-0.0006	-17.47	-0.0130	0.0614	2.7500	0.0001	-0.0005	-83.33	0.0001	-0.168	18.65	-4710.54	90003594
90004249	325.29	0.01	0.578	-0.0070	-81.13	-0.0215	0.0050	2.8000	0.0001	-0.0050	-98.04	0.0001	-0.421	4.68	-11052.58	90004250
90004335	8157.61	11.87	0.290	0.0001	-97.92	-0.0047	0.0001	2.8500	0.0397	0.0066	19.94	0.0017	-0.710	22.05	-50.20	90004341
90004336	2764.20	24.49	0.098	0.0001	-87.50	-0.0007	0.0001	2.9000	0.0908	0.0112	14.07	0.0028	-0.902	45.30	-27.92	90004342
90004337	615.83	36.16	0.022	0.0001	-50.90	-0.0001	0.0001	2.9500	0.1436	0.0123	9.37	0.0056	-0.978	74.32	-19.15	90004343
90004338	89.98	47.15	0.003	0.0001	-50.00	-0.0001	0.0001	3.0000	0.1923	0.0125	6.95	0.0043	-0.997	86.89	-14.57	90004344
90004339	0.00	67.99	0.000	0.0001	0.00	0.0000	0.0001	3.1000	0.2918	0.0119	4.25	0.0038	-1.000	116.08	-9.64	90004345
90004479	0.00	85.42	0.000	0.0001	0.00	0.0000	0.0001	3.2000	0.3915	0.0107	2.81	0.0035	-1.000	142.95	-7.18	90004346
90004340	0.00	93.56	0.000	0.0001	0.00	0.0000	0.0001	3.3000	0.4912	0.0108	2.25	0.0031	-1.000	167.29	-5.72	90004483
90004480	0.00	94.90	0.000	0.0001	0.00	0.0000	0.0001	3.4000	0.5928	0.0139	2.40	0.0048	-1.000	205.30	-4.74	90004484
90004481	0.00	95.01	0.000	0.0001	0.00	0.0000	0.0001	3.5000	0.6854	0.0073	1.08	0.0025	-1.000	0.01	-4.10	90004485
90004482	0.00	95.02	0.000	0.0001	0.00	0.0000	0.0001	3.6000	0.7848	0.0075	0.96	-0.0032	-1.000	0.01	-3.58	90004486

图 2-37　2024 年 12 月 25 日深证 100ETF 期权 T 型报价图

延　伸

　　商品期货期权行权都在一个期货账户里搞定，简单一些。但是行权后得到的期货合约不会跟之前持有的相反方向的期货合约对冲掉，会出现多出来的期货合约。

29. 股指期权出现有规律的贴水

情 境

2025 年 1 月 17 日，是上证 50 股指期权的到期日，上证 50 股指期权 1 月份的合约出现一个有规律的现象，如图 2-38 所示，看涨期权合约从 HO2501-C-2450 至 HO2501-C-2550 的时间价值还有 4.7 点，也就是都升水 4.7 点，而看跌期权合约从 HO2501-P-2600 至 HO2501-P-2800 的时间价值还有-4.7 点左右，即都贴水 4.7 点左右，这么有规律，是怎么回事呢？

标的 上证50 HO2501
到期日 20250117（剩余0天）

合约名称	最新	涨跌	涨幅%	成交量	成交额	开盘	最高	最低	昨收	期权成交量
上证50	2582.49	2.37	0.09%	34250232	744.23亿	2572.97	2595.16	2561.97	2580.12	37897
50股指VIX	19.73	0.07	0.37%	37897	1.16亿	20.20	20.51	19.69	19.75	37897
合成期货	2587.30	7.10	0.28%	1030	2662429	2575.10	2594.20	2561.90	2580.20	23907

>>期权趋势下单

杠杆比率	持仓量	Delta	合波动率	内在价值	时间价值	涨幅%	涨跌	最新	看涨	<行权价>	看跌	最新	涨跌	涨幅%	时间价值	内在价值	合波动率	Delta	持仓量	杠杆比率
10.89	21	1.0000	25.01%	232.5	4.7	3.22%	7.4	237.2	C	2350	P	0.2	0.0	0.00%	0.2	0.0	74.02%	-0.0069	469	12912.43
12.19	39	1.0000	21.84%	207.5	4.3	3.42%	7.0	211.8	C	2375	P	0.2	0.0	0.00%	0.2	0.0	66.89%	-0.0078	425	12912.43
13.80	103	1.0000	12.85%	182.5	4.7	4.12%	7.4	187.2	C	2400	P	0.2	0.0	0.00%	0.2	0.0	59.57%	-0.0087	429	12912.43
15.96	32	1.0000	15.97%	157.5	4.3	4.39%	6.8	161.8	C	2425	P	0.2	0.0	0.00%	0.2	0.0	52.26%	-0.0100	423	12912.43
18.82	132	1.0000	13.81%	132.5	4.7	5.54%	7.2	137.2	C	2450	P	0.2	0.0	0.00%	0.2	0.0	44.54%	-0.0112	600	12912.43
23.02	85	1.0000	10.76%	107.5	4.7	6.45%	6.8	112.2	C	2475	P	0.2	0.0	0.00%	0.2	0.0	37.25%	-0.0137	542	12912.43
29.62	317	1.0000	8.17%	82.5	4.7	8.46%	6.8	87.2	C	2500	P	0.2	-0.2	-50.00%	0.2	0.0	29.70%	-0.0171	1379	12912.43
69.42	940	1.0000	3.54%	32.5	4.7	21.57%	6.6	37.2	C	2550	P	0.2	-1.4	-87.50%	0.2	0.0	14.56%	-0.0437	2214	12912.43
12912.43	3806	0.0181	5.86%	0.0	0.2	-94.44%	-3.4	0.2	C	2600	P	13.0	-10.4	-44.44%	-4.5	17.5	6.95%	-0.9245	1243	198.65
12912.43	3285	0.0127	21.72%	0.0	0.2	-75.00%	-0.6	0.2	C	2650	P	63.2	-8.0	-11.24%	-4.3	67.5	26.25%	-0.9676	771	40.86
12912.43	3369	0.0100	36.10%	0.0	0.2	0.00%	0.0	0.2	C	2700	P	112.8	-7.4	-6.16%	-4.7	117.5	35.74%	-0.9773	1541	22.89
12912.43	2939	0.0077	49.02%	0.0	0.2	0.00%	0.0	0.2	C	2750	P	162.8	-7.4	-4.35%	-4.7	167.5	48.82%	-0.9771	281	15.86
12912.43	2483	0.0064	61.47%	0.0	0.2	0.00%	0.0	0.2	C	2800	P	212.8	-7.2	-3.27%	-4.7	217.5	61.13%	-0.9841	319	12.14
12912.43	1167	0.0053	72.95%	0.0	0.2	0.00%	0.0	0.2	C	2850	P	262.0	-8.0	-2.96%	-5.5	267.5	67.85%	-0.9947	128	9.86
12912.43	1484	0.0048	84.60%	0.0	0.2	0.00%	0.0	0.2	C	2900	P	313.4	-6.6	-2.06%	-4.1	317.5	101.02%	-0.9846	145	8.24
12912.43	677	0.0046	96.46%	0.0	0.2	0.00%	0.0	0.2	C	2950	P	362.8	-7.4	-2.00%	-4.7	367.5	96.40%	-0.9120	100	7.12

沪深300 中证1000 上证50

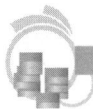

图 2-38 2025 年 1 月 17 日上证 50 股指期权 T 型报价图

细节分析

　　这个细节确实比较有意思，而且这么有规律，肯定是哪里有问题。这要先从上证 50 股指期权的标的物上证 50 指数的结算价说起。在到期日当天，上证 50 指数的结算价是按最后 2 个小时的算术平均价确定的。在上面的例子中，最后 2 个小时的算术平均价大概为 2847.8 元，这才是上证 50 股指期权 1 月合约收盘后的结算价，而期权交易软件上显示的还是以上证 50 股指当天收盘价 2852.49 元计算出来的时间价值，所以就会出现很多期权合约有规律地升、贴水的现象，这其实是期权交易软件上的一个错误显示，而不是实际出现的期权合约升、贴水现象，所以请大家记住这个细节，以避免在上证 50 股指期权到期时搞错。

　　商品期货期权也会出现这个现象，也要注意一下。

延　伸

　　商品期货期权也会出现这种有规律的升、贴水情况，但 ETF 期权就不会出现这种有规律的升、贴水现象，只会出现个别期权合约升、贴水现象而已。

30. 认沽期权为什么在到期日升水比较多

情　境

2024 年 11 月 27 日到期日，认沽期权创业板 ETF 沽 11 月 2200 至创业板 ETF 沽 11 月 2600 都出现了大幅度的升水，如图 2-39 所示，大约都升水 0.0100 点，按创业板 ETF 当天收盘价 2.165 元计算，贴水幅度达到标的的 0.38%，也就是说第 2 个交易日创业板 ETF 要下跌 0.38% 才能填上这个升水，这是为什么？

图 2-39　2024 年 11 月 27 日创业板 ETF 期权 T 型报价图

细节分析

期权合约这么大的升水，在不正常的行情下才会出现，比如创

业板 ETF 最近出现大幅度波动等。如何理解"出现比较大的升水"这个现象呢？

第一，11 月 27 日收盘前集合竞价时，持有卖出开仓创业板 ETF 沽 11 月 2200 的投资者，不想被行权，急于买入平仓该期权合约，把该期权合约的价格推高了。

第二，收盘前，投资者预计下一个交易日，创业板 ETF 可能会大跌，赶紧买入开仓创业板 ETF 沽 11 月 2200，准备收盘后通过行权卖出平仓手里的现货创业板 ETF 股票，也把该期权合约的价格买得虚高了。

我们再来说说收盘前，没能平仓创业板 ETF 沽 11 月 2200 义务仓的后果。如果没平仓，那么下一个交易日就得准备被行权，准备资金去接创业板 ETF 股票现货，如果卖出开仓 1 张创业板 ETF 沽 11 月 2200，就要准备 22 000 元去接 10 000 股创业板 ETF 股票现货，于下一个交易日（周四）收盘后交割，被行权的投资者要第 3 个交易日（周五）开盘才能平掉股票。结果，下一个交易日创业板 ETF 低开后一路下跌，收盘大跌 1.71%，如果没有在开盘时及时对冲，等到收盘时就要大亏了，这就是投资者所担心的。所以，如果认沽期权合约出现比较大的升水，估计下一个交易日标的价格下跌的概率更大。

延　伸

如果认购期权合约大幅升水，则一般预示着投资者看涨下一个交易日的行情。

31. 标的涨停或跌停后，期权还会有大行情吗

情　境

当期货或股票涨停或跌停后没有交易机会时，对应的期权合约还有没有行情呢？

细节分析

当期权标的在涨停或跌停后没有交易机会时，期权市场仍然可能出现较大的行情。这主要是因为期权合约价格不仅受标的价格的影响，还受期权合约的波动率、市场情绪及期权合约自身希腊字母值（如 Delta、Gamma 等）的影响。

在标的的涨停或跌停的情况下，市场参与者如果预期期权标的未来价格波动增加，那么期权合约的隐含波动率可能会上升，从而继续推高期权合约的价格。

在标的的涨停或跌停的情况下，市场参与者如果预期期权标的的价格在下一个交易日会大幅上涨或下跌，或继续涨停或跌停，都会继续推高期权合约的价格。在商品期货市场两连板或三连板都可能出现，所以要关注这个细节。

我们通过一个例子来介绍一下。

2024 年 9 月 30 日，螺纹钢期货 RB2411 在 11:30 后封在涨停板上，如图 2-40 所示，看涨期权合约 RB2411C3400 在 11:30 时的价格是 158.0 元，下午开盘后继续走高，最高涨到 239.0 元，收盘时回落到 190.0 元，如图 2-41 所示。

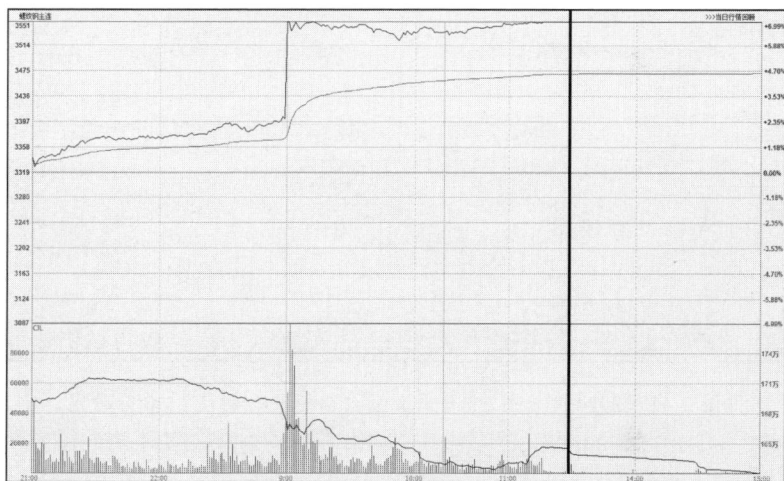

图 2-40　2024 年 9 月 30 日螺纹钢期货 RB2411 分时图

因为螺纹钢期货 RB2411 在 11:30 后继续封在涨停板上到收盘，市场参与者预期下一个交易日会大幅上涨，所以在买不到期货合约时，转而买入看涨期权合约，以免错过行情。果然，螺纹钢期货 RB2411 在 10 月 8 日开盘时高开 2.92%，而看涨期权合约 RB2411C3400 开盘价为 241.5 元，比上一交易日的收盘价涨了 27.11%。后面随着螺纹钢期货 RB2411 一路回落，期权合约价格也大幅回落了。

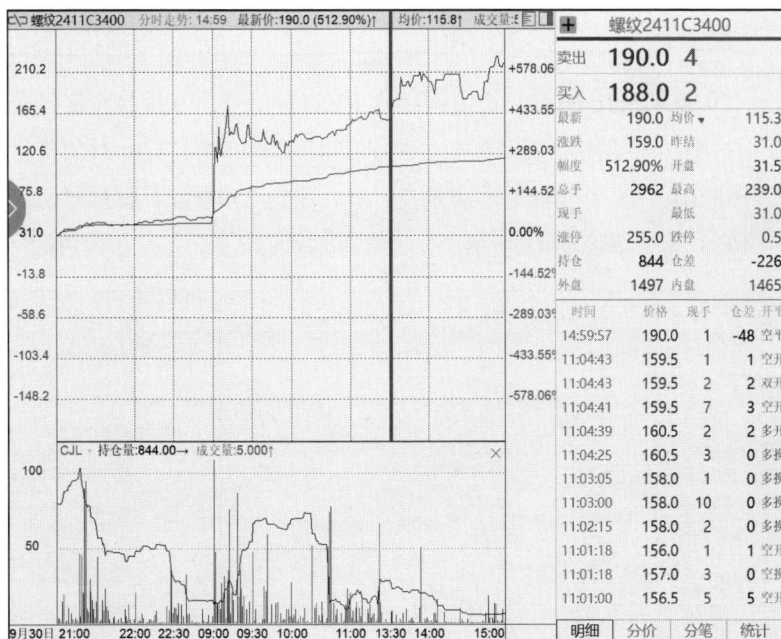

图 2-41 2024 年 9 月 30 日看涨期权合约 RB2411C3400 分时图

延 伸

当期货或股票涨停或跌停后，除可能有大行情外，还有更确定的小行情。期权标的涨停或跌停，会伴随期权品种的波动率指数大幅飙升，特别是经过两个或三个涨/跌停板后，期权品种的波动率指数会飙升到历史极值附近，这时候就有做空波动率指数的机会，往往波动率指数都会回归，所以做空波动率指数获利是更确定的小行情，但要注意控制风险。

32. 要不要看期权的希腊字母

期权合约有 5 个希腊字母，该怎么看这几个希腊字母呢？

细节分析

期权合约的希腊字母（Greeks）是期权定价和风险管理中非常重要的工具。它们用于衡量期权合约价格对各种因素变化的敏感度，帮助投资者更好地管理风险和优化交易策略。希腊字母在期权交易中具有重要的实际应用价值，具体应用如表 2-3 所示。

表 2-3　期权合约希腊字母具体应用

希腊字母	定义	实际应用
Delta（Δ）	期权合约价格对标的价格变化的敏感度	预测价格变化：帮助预测期权合约价格在标的资产价格变化时的变化幅度。 对冲风险：通过调整标的资产持仓，使组合 Delta 接近零，对冲价格波动风险
Gamma（Γ）	Delta 对期权合约价格变化的敏感度	动态对冲：调整对冲头寸，应对 Delta 的变化。 风险管理：评估期权合约的非线性风险，Gamma 高的期权合约在标的资产价格大幅波动时风险更高

续表

希腊字母	定义	实际应用
Theta（Θ）	期权合约价格随时间推移的衰减速度	时间管理：选择合适的期权合约到期日，短期期权合约时间衰减快，适合短期交易；长期期权合约时间衰减慢，适合长期持有。 策略选择：对于期权卖方，时间衰减是重要的收益来源，选择 Theta 值高的期权合约
Vega（V）	期权合约价格对标的资产波动率变化的敏感度	波动率交易：选择 Vega 值高的期权合约进行波动率交易，波动率上升时期权合约价格上涨，波动率下降时期权合约价格下跌。 风险管理：评估期权合约对波动率变化的风险暴露程度
Rho（ρ）	期权合约价格对无风险利率变化的敏感度	长期期权合约：利率变化对长期期权合约的影响更为显著。 利率风险管理：评估期权合约对利率变化的风险暴露程度，调整对冲策略

简单地说，对于单一持有权利仓或义务仓的投资者，或者持有期权合约不多的投资者来说，主要以方向交易为主，可以不看期权合约的希腊字母。但是对于持有对冲套利策略的投资者，或者持有期权合约比较多的投资者来说，主要以做对冲套利为主，就必须要看期权合约的希腊字母。2025 年 2 月 1 日中证 500ETF 期权合约希腊字母如图 2-42 所示。

状态	Vega	Theta	Rho	Gamma	Delta	幅实%	最新	购<行权价>沽	最新	幅度%	Delta	Gamma	Rho	Theta	Vega	交易
闭市	0.0003	-0.0003	0.3390	0.0498	0.9940	-5.35	0.8064	4.800	0.8044	57.14	-0.0068	0.0498	-0.0025	-0.0001	0.0003	
闭市	0.0006	-0.0005	0.3426	0.1090	0.9852	-5.43	0.7112	4.900	0.0077	57.14	-0.0148	0.1090	-0.0060	-0.0002	0.0006	
闭市	0.0011	-0.0007	0.3425	0.2107	0.9676	-9.48	0.5902	5.000	0.0125	47.06	-0.0324	0.2107	-0.0132	-0.0005	0.0011	
闭市	0.0034	-0.0017	0.3136	0.6646	0.8542	-16.16	0.3539	5.250	0.0405	31.92	-0.1458	0.6648	-0.0599	-0.0015	0.0034	
闭市	0.0057	-0.0027	0.2325	1.1006	0.6178	-25.88	0.1790	5.500	0.1169	29.89	-0.3022	1.1086	-0.1508	-0.0024	0.0057	
闭市	0.0054	-0.0025	0.1286	1.0608	0.3365	-35.60	0.0740	5.758	0.2664	25.48	-0.6635	1.0608	-0.2805	-0.0022	0.0054	
闭市	0.0032	-0.0015	0.0513	0.6243	0.1329	-42.77	0.0293	6.000	0.4638	15.63	-0.8671	0.6243	-0.3756	-0.0012	0.0032	
闭市	0.0012	-0.0006	0.0147	0.2398	0.0379	-47.35	0.0129	6.250	0.6910	10.37	-0.9621	0.2390	-0.4299	-0.0003	0.0012	
闭市	0.0003	-0.0001	0.0031	0.0632	0.0079	-50.00	0.0069	6.500	0.9082	4.86	-0.9921	0.0632	-0.4594	0.0002	0.0003	
闭市	0.0001	-0.0000	0.0005	0.0120	0.0012	-46.58	0.0039	6.750	1.1795	6.26	-0.9988	0.0120	-0.4797	0.0003	0.0001	
闭市	0.0001	-0.0003	0.3348	0.8246	0.9972	-5.02	0.8833	4.722A	0.0028	47.37	-0.0028	0.0246	-0.0011	-0.0001	0.0001	
闭市	0.0006	-0.0004	0.3400	0.0586	0.9927	-7.38	0.2706	4.820A	0.0044	37.50	-0.0073	0.0586	-0.0030	-0.0001	0.0003	
闭市	0.0006	-0.0005	0.3429	0.1247	0.9827	-18.05	0.6593	4.919A	0.0089	64.01	-0.8173	0.1247	-0.8071	-0.0003	0.0006	
闭市	0.0025	-0.0013	0.3292	0.4854	0.9065	-14.72	0.4264	5.165A	0.0279	30.81	-0.0935	0.4854	-0.0383	-0.0011	0.0025	
闭市	0.0051	-0.0024	0.2666	0.9887	0.7138	-20.79	0.2354	5.431A	0.0817	31.77	-0.2862	0.9887	-0.1184	-0.0022	0.0051	
闭市	0.0059	-0.0027	0.1664	1.1453	0.4375	-31.67	0.1055	5.657A	0.1988	22.41	-0.5625	1.1453	-0.2361	-0.0025	0.0059	
闭市	0.0042	-0.0019	0.0762	0.8092	0.1982	-37.89	0.0423	5.903A	0.3705	19.86	-0.3810	0.8092	-0.3438	-0.0016	0.0042	
闭市	0.0019	-0.0009	0.0253	0.3703	0.0654	-45.40	0.0172	6.149A	0.6017	12.11	-0.9346	0.3703	-0.4121	-0.0006	0.0019	
闭市	0.0006	-0.0003	0.0062	0.1162	0.0160	-49.39	0.0083	6.394A	0.8240	7.83	-0.9840	0.1162	-0.4487	0.0003	0.0006	
闭市	0.0001	-0.0001	0.0011	0.0259	0.0029	-52.13	0.0045	6.640A	1.0707	6.81	-0.9971	0.0259	-0.4713	0.0003	0.0001	
闭市	0.0000	-0.0000	0.0002	0.0043	0.0003	-37.70	0.0038	6.886A	1.2977	4.29	-0.9996	0.0043	-0.4897	0.0003	0.0000	

图 2-42　2025 年 2 月 1 日中证 500ETF 期权合约希腊字母

延 伸

可能还有投资者会问，期权合约的定价公式要不要弄懂？个人认为不需要弄懂，毕竟这个公式是曾获得诺贝尔经济学奖的，非常深奥，我们只要会用就好。就像我们只要知道某个菜好不好吃，而不需要知道它是怎么做的一样，那是厨师的事。

33. 构建认购牛市价差策略后，就可以转出保证金

情　境

构建上证 50ETF 期权的认购牛市价差策略后，为什么可以把保证金转出期权账户？

细节分析

2025 年 1 月 20 日，在盘中构建上证 50ETF 期权的认购牛市价差策略后，通过组合策略保证金操作，只付出买入开仓认购期权合约的权利金，持有卖出开仓认购期权合约就不需要占用保证金了，这样就可以把部分资金转出期权账户，去购买活期理财产品或作他用了，等需要平仓认购牛市价差策略时再转回来就行了。我们举例详细介绍一下。

我们构建 33 组认购牛市价差策略，买入开仓 33 张上证 50ETF 购 2 月 2700，再卖出开仓 33 张上证 50ETF 购 2 月 2800，可以看到卖出开仓 33 张上证 50ETF 购 2 月 2800 保证金占用为 0 元，如图 2-43 所示。因为我们使用组合策略保证金，本来卖出开仓 33 张上证 50ETF 购 2 月 2800 大概需要保证金 9.0 万元，这样就可以把 9.0 万元转出

期权账户，去购买活期理财产品或作他用了，等需要拆除认购牛市价差策略时再转回来。如果是用认沽期权构建的牛市价差策略，则还是要占用部分保证金。

持仓	组合持仓	资金	成交	委托	可撤委托	止盈止损	全部		全部		刷
序号	▲合约代码	合约名称	合约类型	持仓方向	实际持仓	可用	保证金	成本均价	最新价	浮动	
1	10008575	50ETF购2月2650	认购	权利方	10	10	0.000	0.05885	0.0684		
2	10008576	50ETF购2月2700	认购	权利方	37		0.000	0.04648	0.0470		
3	10008578	50ETF购2月2800	认购	义务方	33		0.000	0.02112	0.0219		

图 2-43　2025 年 1 月 20 日构建上证 50ETF 牛市价差持仓图

延　伸

构建股票期权认沽熊市价差策略后，也不用占用保证金，可以把保证金转出期权账户，去购买活期理财产品或作他用。部分商品期货期权品种在构建牛市或熊市价差策略后，还需要占用部分保证金，不能全部转出保证金，感兴趣的投资者再自己研究一下，这个知识点相对复杂一点。

34. 止损方式大比拼

止损对于高杠杆的期权交易是非常重要的，杠杆越高，越需要止损，不然后果不堪设想。止损有很多种方式，这些方式之间有哪些细节上的不同呢？我们来对比一下。

止损一定要坚决，一旦触及止损点，要马上止损，不要寄希望于标的会反向回来，自己还有翻盘的机会，那样很可能让你面临更大的亏损。也不要因顾虑之前的投入而不愿意承担亏损，这些已是沉没成本，不应该成为你做决策的绊脚石，果断止损后等待下一次交易机会吧。止损方式多种多样，下面对比几种比较常用的止损方式。

第一种，动态止损。通过技术指标来动态止损，比如使用均线指标、BOLL 指标、MACD 指标或 KDJ 指标，可以根据分时、分钟和日线的 MACD 指标或 KDJ 指标的金叉、死叉来止损，或者当价格跌破某条移动平均线（比如 20 天线）时止损，或者当价格跌破BOLL 下轨时止损。动态止损是根据行情动态变化的，所以止损会

比较及时。

第二种，静态止损。通过设置固定的价格、金额或比例来止损，比如期权合约的价格跌到 0.0300 元时止损，或者账户总资金亏损 20000.0 元时止损，或者期权合约的价格或账户总资金亏损 20%时止损。这种方式是静态的，不根据行情的变化而改变止损的金额或比例。比如持有买入开仓上证 50ETF 购 2 月 2650 设置 0.0300 元固定价格静态止损，如图 2-44 所示，也可以设置成相对价格（比例）静态止损。

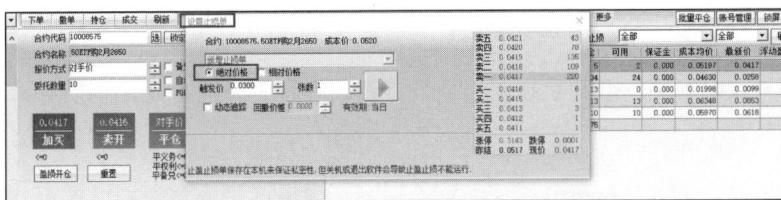

图 2-44　2025 年 2 月 5 日上证 50ETF 购 2 月 2650 设置止损单图

第三种，追踪止损。通过追踪最新价格（最高价）设置回落一定比例（从最高价回落 10%）的止损，只随价格朝着持仓有利的方向变动而触发，是在进入盈利阶段时设置的指令，目的是实现大部分盈利，尤其在期权合约价格波动大的情况下，可以保住部分利润。这种方式适合没什么时间看盘的投资者。比如持有买入开仓上证 50ETF 沽 2 月 2600，设置回撤价差 0.0050 元动态追踪止损。

第四种，行权价止损。通过设置期权标的达到固定的行权价来止损，比如期权标的涨到 2.700 元行权价时止损，或者设置跟期权标的保持一定距离的行权价来止损。比如原来持有卖出开仓上证 50ETF 购 2 月 2750，当期权标的涨到 2.700 元行权价时，与持仓的

期权合约还相距一个行权价时止损。这种止损是静态的止损，不根据行情的变化而改变止损的行权价。

第五种，波动率止损。通过设置期权合约达到固定的隐含波动率数值或比例来止损，比如期权合约的隐含波动率涨到 20.0%时止损，或者期权合约的隐含波动率当天上涨 5%时止损。这种止损是静态的止损，不根据行情的变化而改变止损的数值。

第六种，时间止损。通过设定一个固定的时间段作为止损点，如果在该时间段内没有达到预期收益，则平仓。比如在 3 天内没有达到预期收益，则立即平仓，从而避免长时间持有亏损头寸。

第七种，心理止损。根据投资者的心理承受能力设定止损点。

在开仓时，根据自己的心理承受能力设定一个止损点，当亏损达到心理承受极限时，立即平仓，避免因过度亏损导致心理崩溃。

以上这几种止损方式各有利弊，关键是要根据自己的实际情况选择适合自己的方式。

延 伸

止损是确保不会大亏或爆仓的关键，而止盈则是保住胜利果实的关键，那么，止盈有什么技巧吗？请看下一节。

35．止盈的技巧

情　境

止盈对于高杠杆的期权交易也是非常重要的，及时止盈能够确保部分利润落袋，避免因为行情反转而坐过山车。止盈有很多种方式，每种方式有什么不同，又各有什么技巧呢？

细节分析

一般的投资者有这样的坏毛病：亏损一直拿着，不愿止损，而盈利跑得比谁都快。其实应该反过来，亏损跑得比谁都快，盈利一直拿着。但这是很难做到的。今天就介绍几种常用的止盈方式，希望投资者能及时止盈，保住利润。

第一种，动态止盈。通过技术指标来动态止盈，比如使用均线指标、BOLL 指标、MACD 指标或 KDJ 指标，可以根据分时、分钟和日线的 MACD 指标或 KDJ 指标的金叉、死叉来止盈，或者当价格达到某条移动平均线（比如 20 天线）时止盈，或者当价格达到 BOLL 上轨时止盈。动态止盈是根据行情动态变化的，所以止盈会比较及时。

第二种，静态止盈。通过设置固定的价格、金额或比例来止盈，比如期权合约的价格涨到 0.0800 元时止盈，或者账户总资金盈利 60 000 元时止盈，或者期权合约的价格或账户总资金盈利 30%时止盈。这种方式是静态的止盈方式，不根据行情的变化而改变止盈的金额或比例。比如持有买入开仓上证 50ETF 购 2 月 2650 设置 0.0800 元固定价格静态止盈，如图 2-45 所示，也可以设置成相对价格（比例）静态止盈。

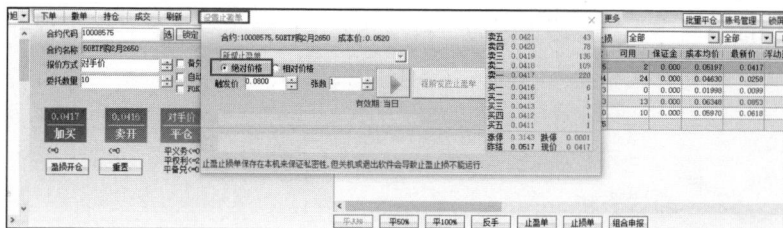

图 2-45　2025 年 2 月 5 日上证 50ETF 购 2 月 2650 设置止盈单图

第三种，追踪止盈。通过追踪最新价格（最高价）设置回落一定比例（从最高价回落 10%）的止盈，只随价格朝着持仓有利的方向变动而触发，是在进入盈利阶段时设置的指令，目的是实现大部分盈利，尤其在期权合约价格波动大的情况下，可以保住部分利润。

第四种，行权价止盈。通过设置期权标的达到固定的行权价来止盈，比如期权标的涨到 2.700 元行权价时止盈。这种是静态的止盈，不根据行情的变化而改变止盈的行权价。

第五种，波动率止盈。通过设置期权合约达到固定的隐含波动率数值或比例来止盈，比如期权合约的隐含波动率跌到 16.0%时止盈，或者期权合约的隐含波动率当天下跌 5%时止盈。这种止盈是静

态的止盈，不根据行情的变化而改变止盈的数值。

第六种，时间止盈。通过设定一个固定的时间段作为止盈点，如果在该时间段内达到预期收益，则平仓。比如在 3 天内达到预期收益，则立即平仓，从而避免长时间持有盈利头寸。

第七种，心理止盈。根据投资者的心理接受目标利润额设定止盈点。

在开仓时，根据自己的心理接受能力设定一个止盈点，当盈利达到心理接受极限时，立即平仓，避免因过度贪婪导致利润回吐。

以上这几种止盈方式各有利弊，希望你能学会其中的止盈技巧。

延　伸

止损技巧见上一节的内容。

36. 期权软件交易界面如何不被锁住

情 境

新安装的期权交易软件，过大概 10 分钟，就自动锁住期权交易界面了，得输入交易密码才能重新进入期权交易界面，要如何设置才能使交易界面不被锁住呢？

细节分析

这个细节确实会影响期权交易，万一看到行情来了，想交易期权合约，结果还得先输入交易密码解锁期权交易界面，导致耽误时间，错过最佳的建仓时机。那么该如何设置呢？下面具体介绍这个细节。

先看在期权宝期权交易软件中如何设置。登录期权宝期权交易软件，点击右上角的"设置"按钮，出现小对话框，选择"安全设置"，如图 2-46 所示，在"连续 10 分钟无操作，锁住界面"输入框中，将"10"改成"1000"，或取消勾选"解锁需要密码"复选框，然后点击下面的"确定"按钮就设置完成了。

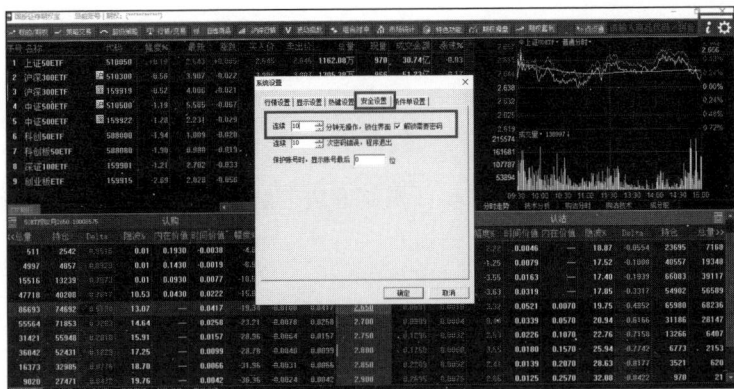

图 2-46　期权宝期权交易软件设置界面图

接下来，我们看在汇点期权交易软件中如何设置。登录期权交易账户，然后点击交易界面右上角"交易业务菜单"按钮，再点击"参数设置"，弹出如图 2-47 所示对话框，在"在用户没有作出任何操作 10 分钟后锁住交易界面"输入框中，将"10"改成"1000"，然后点击"确定"按钮就设置好了。

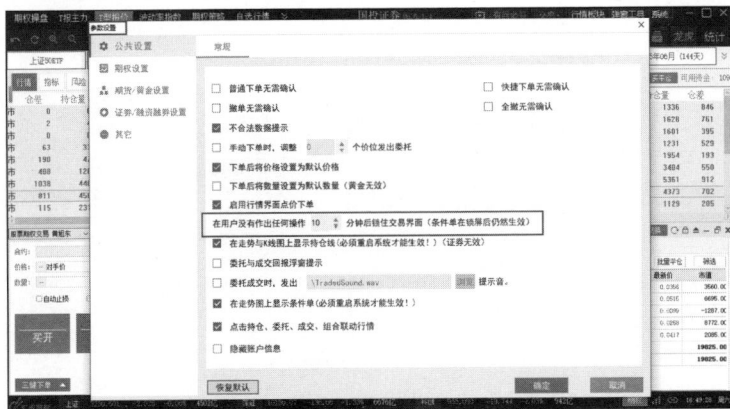

图 2-47　汇点期权交易软件设置界面图

延 伸

其他类型的期权交易软件操作方法也是类似的，大家自己实践一下吧！

37. 自带安全垫的期权抄底方法

情　境

有一种期权抄底方法，是股票和期货做不到的，叫作"自带安全垫的期权抄底方法"，不用等标的跌下来就可以抄底，不会踏空。下面详细介绍这种期权抄底方法。

细节分析

这种期权抄底方法其实很简单，巴菲特也经常用，就是卖出开仓认沽期权合约。一般当卖出开仓想抄底价格对应行权价的认沽期权合约时，如果没有想法，就卖出开仓虚值一/二档认沽期权合约。下面举个例子。2025 年 1 月 6 日沪深 300ETF 已经大跌了 3 天，预计跌得差不多了，想抄底，所以卖出开仓 1 张虚值一档认沽期权沪深 300ETF 沽 1 月 3800，如图 2-48 所示。该合约当天收盘价为 0.0448 元，需要占用保证金约 4500.0 元，对应抄底沪深 300ETF 的股数为 10 000.0 股，市值为 38 000.0 元。在 1 月 22 日到期前，会有两种情况，第一种情况，沪深 300ETF 没有下跌到 3.800 元以下，那么抄不到底，赚取 448.0 元利润；第二种情况，沪深 300ETF 下跌到 3.800 元以下，顺利抄到底，但是每股可以降低 0.0448 元成本，实际成本

为 3.7552 元。这个操作还要注意很多细节。第一，如果抄到底，则需要准备资金 38 000.0 元，当初只使用保证金 4500.0 元，还需补多 33 500.0 元才能顺利抄到底。第二，不要过度加杠杆，可以适度加杠杆，一般加 1 ~ 2 倍的杠杆就好，因为被行权时需要大量的资金，所以要量力而行。第三，如果不想被行权而抄到底，那么在到期日当天平仓该合约就可以了，然后再继续卖出开仓下个月的虚值一档认沽期权合约。在该例子中，1 月 22 日到期时，沪深 300ETF 没有下跌到 3.800 元以下，那么抄不到底，赚取 448.0 元利润，就在 1 月 22 日平仓后再卖出开仓 1 张虚值一档认沽期权沪深 300ETF 沽 2 月 3800。

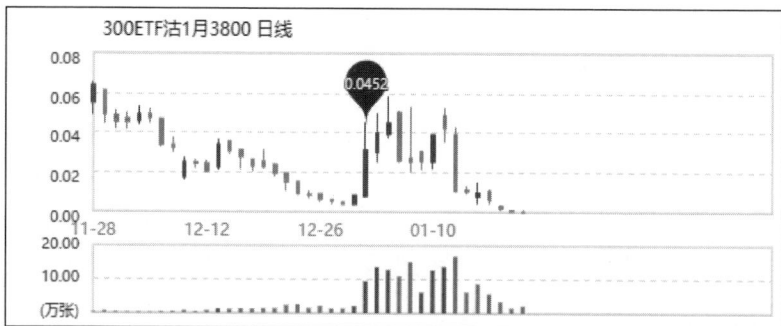

图 2-48　沪深 300ETF 沽 1 月 3800 的日 K 线图

延　伸

关于卖出开仓虚值一档认沽期权的详细介绍如表 2-4 所示，大家可以更深入地学习一下。

表 2-4　卖出开仓虚值一档认沽期权

如何构建	卖出开仓 1 张虚值一档认沽期权
最大盈利	收到的权利金
最大亏损	理论上无限
盈亏平衡点	期权行权价—期权权利金
月份选择	当月合约或主力月份合约

使用情景：

预计标的跌到一定价位后想抄底做多。

方式弱点：

标的大幅下跌会造成比较大的亏损，并且隐含波动率上升对该方式不利。

使用说明：

（1）卖出开仓虚值一档的认沽期权，赚取的时间价值虽然不是最多的，但是获利的概率高很多，只要求标的横盘或上涨就可以获得最大收益，还能容忍标的下跌一定幅度（大概 2%），在这种情况下也能获得最大收益。

（2）卖出开仓虚值一档的认沽期权，如果标的大跌，记得及时止损。

（3）如果短期内标的大涨，考虑平仓落袋，再卖出开仓相同张数、更高行权价的认沽期权，也就是向上移仓，前提是预计标的继

续上涨。

（4）一般在隐含波动率处于较高水平时进场更好，安全边际更高。

（5）卖出开仓虚值一档认沽期权的胜率比较高，大涨、小涨、横盘、小跌都对该方式有利，只有大跌对该方式不利，所以胜率可以达到 80%。

38. 一年送你 15% 利润当安全垫

情 境

在期权策略中，有一种很适合股票价值投资者，并且还送你一年 15% 左右的利润当安全垫，这是什么策略呢？

细节分析

这种策略叫作备兑开仓策略——持有标的物，并卖出开仓标的物对应张数的认购期权（通常为浅虚值认购期权）。这种策略特别适合用于上证 50ETF 期权和沪深 300ETF 期权，持有上证 50ETF 股票或沪深 300ETF 股票享受我国经济发展的红利，还能额外收到一笔可观的利润当安全垫，非常不错。那么一年 15% 左右的利润是从哪里来的？是通过每个月滚动卖出开仓虚值认购期权得来的，一个月收 1.5% 左右的权利金，一年下来就有 15% 左右的利润了。下面具体介绍这个策略的更多细节，如表 2-5 所示。

表 2-5　备兑开仓策略介绍

如何构建	买入开仓标的物，同时卖出开仓标的对应张数的认购期权（通常为浅虚值认购期权）
最大盈利	认购期权行权价-标的成本价+认购期权权利金
最大亏损	购买标的的成本—认购期权权利金（无限）
盈亏平衡点	购买标的的价格—认购期权权利金
行权价和月份选择	行权价选择平值或者浅虚值的期权合约 一般选择当月或者主力月份的期权合约

使用情景：

预计标的小幅上涨或波动较小，或者标的处于相对低位又看涨后市。

弱点：

标的大跌会导致亏损比较多，由于持有标的，而标的小幅波动对该方式反而有利，卖出开仓认购期权的时间价值会衰减，到期时会亏完，从而增加收益。

使用说明：

（1）在该策略中，卖出开仓的认购期权可以防小跌，但防不住大跌或暴跌，如果要防大跌或暴跌，得换成买入开仓认沽期权。

（2）构建该策略时，可以错时开仓，比如先买入标的，等上涨后再卖出开仓认购期权，这样可以先锁住部分利润。

（3）选择平值或浅实值行权价的认购期权保护力度比选择浅虚

值认购期权的保护力度更强，但总体的收益率会降低。

（4）一般选择卖出开仓当月或主力月份的认购期权合约，如果交易的是连续月份的品种（50ETF、铜期货、黄金期货等），就选择当月的合约，每个月滚动卖出开仓当月的认购期权；如果交易的是主力月份的品种，就选择主力月份的合约，每个主力月份滚动卖出开仓主力月份的认购期权。如果其他月份的认购期权合约的流动性满足交易要求，就选择近月的认购期权合约，这样赚取的期权权利金会更多。

（5）在选择认购期权行权价时，可以根据自己对标的上涨至目标价位的预期，选择对应目标价位的行权价，也就是说，你想在什么价位卖掉标的，就卖出开仓对应该价位行权价的认购期权。

（6）如果觉得大跌的概率很大，不妨卖出开仓实值一档或二档的认购期权，这样就是偏防守型的备兑开仓策略了，可以等风险释放后再构建正常的备兑开仓策略。

（7）股票期权（50ETF、300ETF 等）备兑开仓不需要额外占用保证金，因为用股票做抵押物了。期货期权备兑开仓有些时候需要额外占用保证金，而有些品种推出组合策略保证金优惠，可以减少或不占用额外保证金。

（8）备兑开仓策略的效果，等同于卖出开仓认沽期权合约，只是卖出开仓的合约是浅实值的认沽期权合约。

（9）该策略可以反向构建，也就是说卖出开仓标的，同时卖出开仓认沽期权做上涨的保护，这样就变成看跌备兑开仓策略。

盘中调整：

当标的大涨时：有两种调整方式，一种是标的涨到目标价位了，平仓整个策略，落袋为安；另一种是保留标的，把原来的认购期权平仓，再卖出开仓对应张数、更高行权价的认购期权，把认购期权合约向上移仓，这样可以提高整个策略的收益率，前提是预期标的继续上涨。

当标的横盘震荡时：如果觉得趋势还在，就保持备兑开仓策略，因为横盘震荡也对该策略有利。如果觉得趋势转跌了，就平仓该策略。

当标的大跌时：有三种调整方式，第一种就是平仓该策略；第二种是保留标的，把原来的认购期权平仓，再卖出开仓更低行权价的认购期权，把认购期权向下移仓，这样可以减少整个策略的亏损，标的继续下跌，继续向下移仓，不断滚动操作，能大大降低亏损。前提是预期标的继续上涨；第三种是买入开仓虚值一档认沽期权加保护，这样就能防住大跌或暴跌了。当然，如果标的大跌后，就没有继续下跌了，那么买入开仓的认沽期权会增加成本，加大亏损，所以要根据标的的情况及时平仓认沽期权。

实战举例：

小旭在 2024 年 10 月 21 日买入开仓 10000 股沪深 300ETF 股票（代码：510300），同时卖出开仓 1 张虚值一档认购期权沪深 300ETF 购 11 月 4100，预计后市沪深 300ETF 会缓慢上涨，沪深 300ETF 当天收盘价为 4.016 元，构建方法如表 2-6 所示。

表 2-6　备兑开仓策略构建情况表

如何构建	买入开仓 10 000 股沪深 300ETF 股票，价格：4.016 元 卖出开仓 1 张虚值一档认购期权沪深 300ETF 购 11 月 4100，价格：0.1185 元
构建理由	预计沪深 300ETF 将要缓慢上涨，涨到目标价位 4.100 元附近
最大盈利	（4.100-4.016+0.1185）×10 000=2025.0 元
最大亏损	（4.016-0.1185）×10 000=38 975.0 元（无限）
盈亏平衡点	4.016-0.1185=3.8975 元
行权价和 月份选择	选择虚值一档行权价的认购期权沪深 300ETF 购 11 月 4100，如图 2-49 所示。 选择 11 月的下月合约

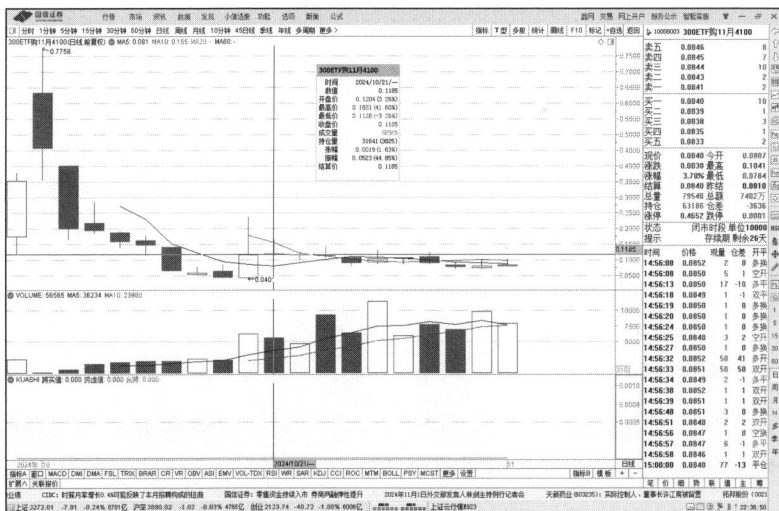

图 2-49　选择虚值一档行权价的认购期权沪深 300ETF 购 11 月 4100

盈亏效果见表 2-7。可以看出，沪深 300ETF 从 2024 年 10 月 21

日的收盘价 4.016 元，下跌到 11 月 1 日的收盘价 3.979 元，下跌
0.92%，而看涨备兑开仓策略亏损 0.06%。虽然沪深 300ETF 下跌了
0.0370 元，但是卖出开仓沪深 300ETF 购 11 月 4100 盈利 0.0345 元，
最后备兑开仓策略就只亏损了 0.0025 元。这是因为卖出开仓认购期
权沪深 300ETF 购 11 月 4100 起到了一定的增强收益的作用，抵消
了沪深 300ETF 下跌的部分亏损。

表 2-7　备兑开仓策略盈亏效果表

标的	10 月 21 日价格	11 月 1 日价格	盈亏值	盈亏幅度	备注
沪深 300ETF	4.016 元	3.979 元	-0.0370 元	-0.92%	价格未乘以乘数 10 000
沪深 300ETF 购 11 月 4100	0.1185 元	0.0840 元	-0.0345 元	-29.11%	
备兑开仓策略	4.016-0.1185=3.8975 元	3.979-0.0840=3.895 元	3.895-3.8975=-0.0025 元	-0.06%=-0.0025/4.016	

延　伸

　　该策略还可以变为卖出开仓标的，并卖出开仓标的对应张数的
认沽期权（通常为浅虚值认沽期权），变成看跌的备兑开仓策略，详
细内容见《52 种期权获利方式详解》一书中第 21 种期权获利方式。

39. "期权彩票"可遇不可求

情　境

时不时听人说某个期权合约涨了几十倍甚至几百倍，就像中彩票一样。像这样的"期权彩票"，究竟能不能买？要怎么买？

细节分析

"期权彩票"指的是什么？其大概意思是一张非常便宜的期权合约，在大行情来临时，涨了几十倍到几百倍，投资者像中了彩票大奖一样。

"期权彩票"要怎么参与？一般有以下几个条件：

（1）期权合约离到期只有 7 天，甚至更少。

（2）期权合约很便宜，期权合约的价格在 1.0 元/张～50.0 元/张，越便宜越好。

（3）碰到大行情，不管是暴涨还是暴跌都可以（最好是暴跌）。

（4）期权合约的隐含波动率比较低，在 16%以下，越低越好。

严格来说，"期权彩票"出现的概率比较低，跟中彩票大奖一样，

所以是可遇不可强求的，只能"小赌怡情"，"大赌"会伤本金。

比如 2024 年 11 月 27 日科创 50ETF 当天暴涨 3.59%，期权合约科创 50ETF 购 11 月 1000 从最低价 0.0030 元涨到最高价 0.0321 元，涨了 10.7 倍，收盘价为 0.0215 元，涨了 175.64%，如图 2-50 所示。总结以上出现"期权彩票"的关键，就是满足了（1）和（3）两个条件。

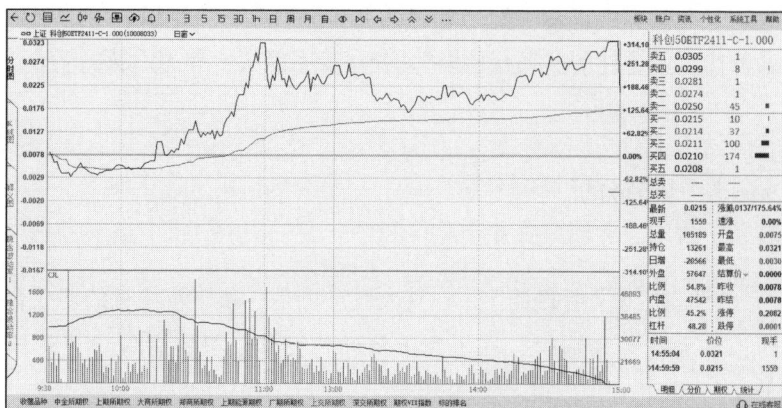

图 2-50　2024 年 11 月 27 日期权合约科创 50ETF 购 11 月 1000 分时图

比如 2025 年 1 月 3 日至 13 日，烧碱期货期权出现"期权彩票"合约。烧碱看涨期权合约 SH502C2840 从 0.5 元涨到最高价 79.5 元，收盘价为 67.0 元，最高涨了 159 倍，收盘涨了 134 倍，如图 2-51 所示。以上出现"期权彩票"的关键，就是满足了（2）和（3）两个条件，实际上也就用了 7 个交易日。

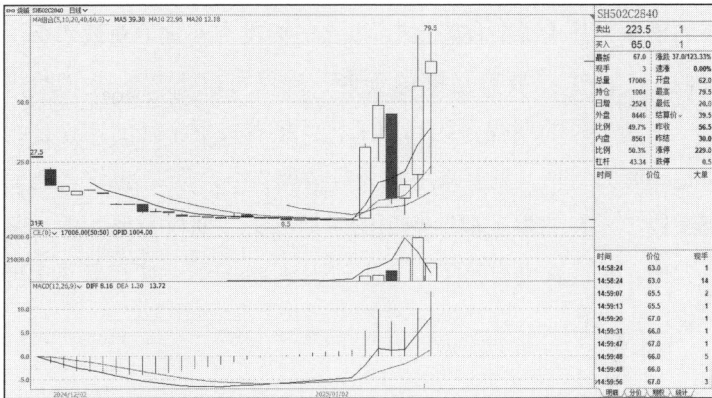

图 2-51　烧碱看涨期权合约 SH502C2840 日 K 线图

比如 2025 年 1 月 10 日至 21 日，合成橡胶期货期权出现"期权彩票"合约。合成橡胶看涨期权合约 br2502C14600 从 16.0 元涨到最高价 519.0 元，收盘价为 321.0 元，最高涨了 32.44 倍，收盘涨了 20.06 倍，如图 2-52 所示。以上出现"期权彩票"的关键，就是满足了（2）和（3）两个条件。

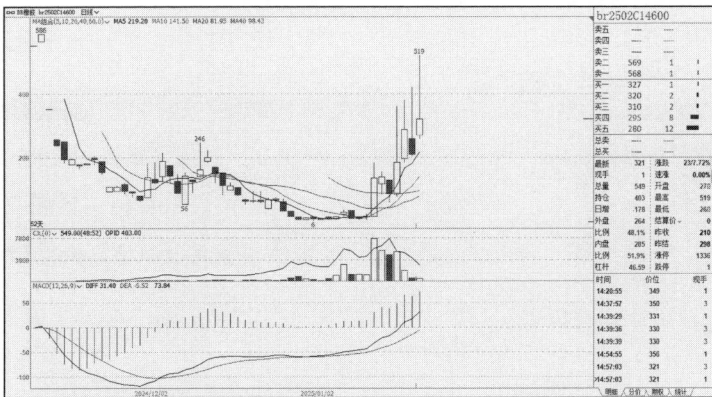

图 2-52　合成橡胶看涨期权合约 br2502C14600 日 K 线图

如果非要强求"期权彩票"，那么需要讲究一定的章法。章法要点有两个，一个是要有足够的资金，确保可以不断地买"期权彩票"——这个月的期权合约到期了，就接着买下个月的期权合约；一个是要有大行情，只要来一次大行情就"中大奖"，也许就能回本甚至赚钱了。在"黑天鹅"频出的时期，买"期权彩票"中大奖的概率大增，赚钱就更容易了。总之，还是那句话："期权彩票"可遇不可求。

延 伸

卖"期权彩票"倒是个大概率盈利的交易，但切记要注意风险，避免出现大亏损。

40．成为一位"狙击手"

情　境

对于期权买方来说，趋势行情不会经常有，所以必须管住手，成为一位"狙击手"，该出手时才出手。

细节分析

期权买方因为赔率高而吸引了众多投资者，但是，作为期权买方，胜率低是其致命弱点，期权买方只有大行情才能有赔率高的情况，但是一个标的不是经常有趋势行情，更多的时间在横盘震荡，这就注定期权买方不能经常出手，不能经常买入开仓。如果乱出手，除亏手续费外，还要每天亏损时间价值，慢慢地本金就亏完了，似温水煮青蛙。比如上一节所举的例子，期权买方在耐心等待大行情的出现，当行情来时，果断出手，就能获得非常不错的战果。所以做期权的买方，要耐得住寂寞，没有趋势行情时坚决不出手，不要为了交易而交易，而要像一位狙击手一样，等到合适的目标才出手。做日内交易的投资者倒可以经常出手。而对于期权卖方来说，就不太需要管住手了，可以经常持仓，收取时间价值，但也要注意风险，面对该回避的行情时还是要回避。下面举例分析一下。沪深300ETF

从 10 月 9 日至 12 月 30 日，基本围绕 4.05 元上下震荡，如图 2-53 所示，如果在 4.05 元附近，那么不管是买入开仓认购期权合约还是认沽期权合约，长期持有都是大概率亏钱的，只有小概率能赚钱。

图 2-53　沪深 300ETF 从 10 月 9 日至 12 月 30 日日 K 线图

延　伸

要想成为一位"狙击手"，就要下功夫练习。不仅要学习期权标的的趋势分析方法和技巧，还要提高对期权的认知，磨炼期权交易的心态。站在巨人的肩膀上学习，效果更好。比如跟获得过全国期权实盘交易大赛的冠、亚军选手学习，更容易成为一位合格的"狙击手"。

第 **3** 章

期权实战后的细节

1. 如何解读期权合约最大持仓量

情　境

2025 年 1 月 15 日收盘后，在沪深 300ETF 期权合约中，认沽期权的最大持仓量合约为沪深 300ETF 沽 1 月 3800，持仓量为 59 421 张，认购期权的最大持仓量合约为沪深 300ETF 购 1 月 4000，持仓量为 80 484 张，如图 3-1 所示。这该如何解读呢？

图 3-1　2025 年 1 月 15 日沪深 300ETF 期权 T 型报价图

细节分析

一般情况下，我们要从卖方的角度来理解期权合约的最大持仓量。假设卖出开仓 1 张沪深 300ETF 购 1 月 4000 要占用保证金 4500

元左右, 而买入开仓 1 张沪深 300ETF 购 1 月 4000 要占用权利金 88 元, 那么卖出开仓 80484 张沪深 300ETF 购 1 月 4000 要使用保证金 3.622 亿元左右, 而买入开仓 80484 张沪深 300ETF 购 1 月 4000 要使用权利金 7 082 592 元。可以看出, 卖方使用的资金要多得多, 所以要将其看成卖方主动开仓的交易。我们知道卖出开仓认购期权合约是看不涨, 所以在这个例子中, 市场用钱给出来的暗示是沪深 300ETF 到期前涨不过 4.00 元, 也就是沪深 300ETF 的压力位在 4.00 元。同理, 卖出开仓沪深 300ETF 沽 1 月 3800 的持仓量最大, 暗示沪深 300ETF 到期前跌不破 3.80 元, 也就是沪深 300ETF 的支撑位在 3.80 元, 这样就构成一个震荡区间, 沪深 300ETF 运行的区间为 3.80 元至 4.00 元, 结果 1 月份期权合约到期时, 沪深 300ETF 真的就在这个区间震荡, 所以说这个细节还是有一定的参考价值的。

对于商品期货期权合约和股指期权合约, 这个规则也都适用。

延　伸

关于期权合约的最大交易量, 一般也没有什么实战价值, 只说明交易量大, 进出方便而已。

2. 再审视账户的实时风险度

情 境

2025 年 1 月 17 日是星期五，接下来是周末两天，可能会有一些不确定事件。所以，如果收盘前没有来得及关注实时风险度，记得收盘后再看一下，做到心中有底。

细节分析

实时风险度是衡量保证金使用情况的指标，即衡量卖出开仓占用资金的情况。再强调一下，如果收盘前没有来得及关注实时风险度，记得盘后再看一下。因为有时候，行情波动剧烈，来不及关注。如果风险度太高，先制订好下周一开盘时的调整计划，不至于在开盘时手足无措。因为当风险度太高时，证券公司不允许新开仓期权合约。有些证券公司在实时风险度达到 90%时，就不允许新开仓期权合约了，只允许平仓期权合约，所以一般实时风险度控制在 85%以下，当然低一些更稳健。如果实时风险度低，那就可以放心过周末了。图 3-2 中，账户的实时风险度为 71.45%，算是比较合理的比例。

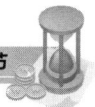

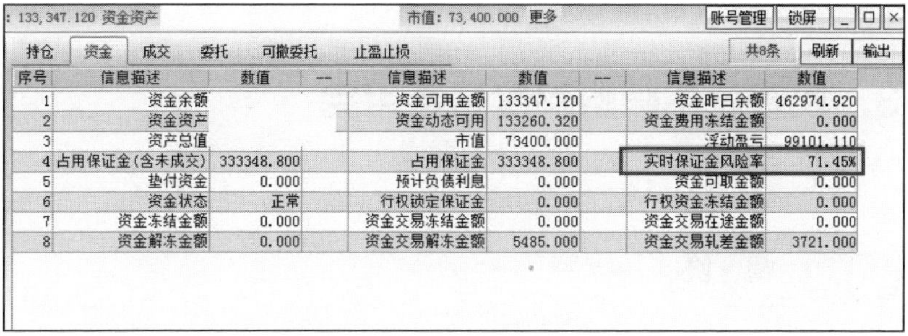

序号	信息描述	数值	--	信息描述	数值	--	信息描述	数值
1	资金余额			资金可用金额	133347.120		资金昨日余额	462974.920
2	资金资产			资金动态可用	133260.320		资金费用冻结金额	0.000
3	资产总值			市值	73400.000		浮动盈亏	99101.110
4	占用保证金(含未成交)	333348.800		占用保证金	333348.800		实时保证金风险率	71.45%
5	垫付资金	0.000		预计负债利息	0.000		资金可取金额	0.000
6	资金状态	正常		行权锁定保证金	0.000		行权资金冻结金额	0.000
7	资金冻结金额	0.000		资金交易冻结金额	0.000		资金交易在途金额	0.000
8	资金解冻金额	0.000		资金交易解冻金额	5485.000		资金交易轧差金额	3721.000

图 3-2　期权账户的持仓情况图

延　伸

除需要注意期权账户的实时风险度外，还要看一下期权账户的可用资金等信息。

3. 检查一下限购额度是否用完

情 境

2025 年 2 月 7 日，收盘后记得检查一下限购额度是否用完。因为上海证券交易所和深圳证券交易所有限购额度和限购张数的规定，如表 3-1 所示。对于个人投资者来说，购买额度往往更易耗尽，相比之下，触及限购张数的情形则比较少见。

表 3-1 上海证券交易所发布的买入额度标准表

类别	买入额度标准
权利仓持仓限额未达到 2000 张的一级和二级个人投资者	托管资产的 10%与前 6 个月日均持有沪市市值的 20%的较大数，按万元取整，买入额度核定不足 1 万元的，调整成 1 万元
权利仓持仓限额未达到 2000 张的三级个人投资者	托管资产的 20%与前 6 个月日均持有沪市市值的 20%的较大数，按万取整，买入额度核定不足 1 万元的，调整成 1 万元
权利仓持仓限额已达到 2000 张的一、二、三级个人投资者	托管资产的 30%与前 6 个月日均持有沪市市值的 20%的较大数，按万取整，买入额度核定不足 1 万元的，调整成 1 万元

细节分析

上海证券交易所和深圳证券交易所的限购额度和限购张数的规定，设定的出发点是想保护投资者，避免因买入太多期权合约而存在亏损严重的风险。

以下是上海证券交易所的规定。

2019 年 12 月 19 日，上海证券交易所发布的《关于调整 ETF 期权持仓限额有关事项的通知》，就调整 ETF 期权持仓限额有关事项通知如下。

一、投资者（含个人投资者、机构投资者及期权经营机构自营业务，下同）单个合约品种权利仓持仓限额为 5000 张、总持仓限额为 10 000 张、单日买入开仓限额为 10 000 张。

期权经营机构确定客户单个合约品种的持仓限额时，不得超过前款规定的持仓限额。

二、期权经营机构应当根据客户期权交易、额度使用及风险承受能力情况，按照以下标准，审慎确定、调整客户衍生品合约账户（以下简称合约账户）单个合约品种持仓限额：

（一）新开合约账户权利仓持仓限额为 100 张、总持仓限额为 200 张、单日买入开仓限额为 400 张。

（二）经期权经营机构评估认为风险承受能力较强、开户满 10 个交易日、期权合约成交量达到 100 张且具备三级交易权限的客户，

权利仓持仓限额 1000 张、总持仓限额 2000 张、单日买入开仓限额 4000 张。

（三）经期权经营机构评估认为风险承受能力较强、开户满 10 个交易日、期权合约成交量达到 500 张、自有资产余额超过 100 万元且具备三级交易权限的客户，权利仓持仓限额 2000 张、总持仓限额 4000 张、单日买入开仓限额 8000 张。

（四）经期权经营机构评估认为风险承受能力较强、开户满 10 个交易日、期权合约成交量达到 1000 张、自有资产余额超过 300 万元且具备三级交易权限的客户，权利仓持仓限额为 5000 张、总持仓限额为 10 000 张、单日买入开仓限额为 10 000 张。

本通知所称自有资产余额，指投资者托管在该期权经营机构的沪深证券市值与资金账户可用余额（不含通过融资融券交易融入的证券和资金）。

本通知所称期权合约成交量，指投资者在沪市期权合约品种交易中合并计算的成交量。

三、期权经营机构将投资者单个合约品种权利仓持仓限额提高到 2000 张以上（不含 2000 张）的，应当在调整的前一交易日填报《ETF 期权持仓限额报备表》（样张详见附件），向本所进行备案。首次备案材料应由期权经营机构期权业务部门负责人签字，并加盖部门或公司公章。

四、个人投资者买入金额不得超过其自有资产余额 10% 与证券账户过去 6 个月日均持有沪深证券市值 20% 的较高者。

对于经评估认为风险承受能力较强且满足一定条件的个人投资者，期权经营机构可以结合其期权交易、额度使用及风险承受能力情况，按照以下情形调整买入金额限额：

（一）对于具备三级交易权限的客户，其买入金额限额最高为该客户自有资产余额的 20%。

（二）对于权利仓持仓限额已达到 2000 张的客户，其买入金额限额最高为该客户自有资产余额的 30%。买入金额限额结果按照 10 000 元的整数倍向上取整。

五、期权经营机构根据本通知规定对客户核定的 ETF 期权权利仓持仓限额、总持仓限额、单日买入开仓限额，可统一适用于沪市各 ETF 期权合约品种。

六、做市商持仓限额由本所根据做市商类型、做市资金规模等确定，并通过与做市商签订的做市协议进行约定。

七、期权经营机构、做市商、投资者因开展经纪业务、做市业务及套期保值交易等需提高持仓限额且符合本所规定条件的，可以根据《上海证券交易所股票期权持仓限额管理业务指引》的规定，通过期权经营机构向本所提交提高持仓限额的申请材料。

八、本通知自 2019 年 12 月 23 日起实施。本所于 2015 年 5 月 3 日发布的《关于上证 50ETF 期权持仓限额调整有关事项的通知》（上证发〔2015〕44 号）和 2016 年 8 月 5 日发布的《关于进一步调整上证 50ETF 期权持仓限额管理有关事项的通知》（上证发〔2016〕35 号）同时废止。

深圳证券交易所的规定如下。

第一条 为了规范股票期权(以下简称期权)持仓限额管理,根据《深圳证券交易所股票期权试点交易规则》《深圳证券交易所 中国证券登记结算有限责任公司股票期权试点风险控制管理办法》及其他有关规定,制定本指引。

第二条 参与深圳证券交易所(以下简称本所)期权交易的投资者、期权经营机构、做市商,应当遵守本所相关业务规则中关于持仓限额的各项规定。投资者、期权经营机构、做市商因进行套期保值、经纪以及做 市业务等需要,对单个合约品种申请提高权利仓持仓限额、总持仓限额、单日买入开仓限额以及个人投资者持有的权利仓对应总成交 金额(以下简称买入金额)的,适用本指引。

第三条 投资者单个合约品种权利仓持仓限额为5000张、总持仓限额为10 000张、单日买入开仓限额为10 000张。

期权经营机构应当严格按照本所持仓限额管理规定,根据客户期权交易、额度使用以及风险承受能力情况,审慎确定、调整客户衍生品合约账户(以下简称合约账户)单个合约品种持仓限额。投资者持仓限额标准如下:

(一)新开合约账户权利仓持仓限额为 100 张、总持仓限额为200张、单日买入开仓限额为400张。

(二)经期权经营机构评估认为风险承受能力较强、开户满 10个交易日、期权合约成交量达到100张且具备三级交易权限的客户,权利仓持仓限额1000张、总持仓限额2000张、单日买入开仓限额

4000 张。

（三）经期权经营机构评估认为风险承受能力较强、开户满 10 个交易日、期权合约成交量达到 500 张、自有资产余额超过 100 万元且具备三级交易权限的客户，权利仓持仓限额 2000 张、总持仓限额 4000 张、单日买入开仓限额 8000 张。

（四）经期权经营机构评估认为风险承受能力较强、开户满 10 个交易日、期权合约成交量达到 1000 张、自有资产余额超过 300 万元且具备三级交易权限的客户，权利仓持仓限额为 5000 张、总持仓限额为 10 000 张、单日买入开仓限额为 10 000 张。

本所可根据期权合约品种情况，对不同期权合约品种设置不同的持仓限额标准。

投资者、期权经营机构确有需要提高单个品种持仓限额的，须通过期权经营机构向本所报备。本所视报备情况提高其单个品种的持仓限额，最高不超过该品种持仓限额最高标准的 5 倍。

期权经营机构经纪业务单个合约品种总持仓限额为 500 万张。

做市商持仓限额由本所根据做市商类型、做市资金规模等确定，并通过与做市商签订的做市协议进行约定。

特定产品可根据产品需要通过期权经营机构向本所申请持仓限额，本所根据产品方案、资产规模、投资策略等确定其持仓限额。

第四条　个人投资者买入金额不得超过其自有资产余额 10%与证券账户过去 6 个月日均持有证券市值 20%的较高者。对于经评估认为风险承受能力较强且满足一定条件的个人投资者，期权经营机

构可以结合其期权交易、额度使用以及风险承受能力情况，按照以下情形调整买入金额限额：

（一）对于具备三级交易权限的客户，其买入金额限额最高为该客户自有资产余额的20%。

（二）对于权利仓持仓限额已达到 2000 张的客户，其买入金额限额最高为该客户自有资产余额的 30%。买入金额限额结果按照10 000 元的整数倍向上取整。

延 伸

商品期货期权和股指期权也有这样类似的规定，其中的重点内容是只限制购买的张数，不限制购买的额度，大家可以自己找一找，这里就不介绍了。

4. 关注认沽认购成交量比率

情　境

　　2025 年 1 月 2 日，"上交所期权之家"发布的上证 50ETF 期权的认沽/认购成交量比率为 1.11（上一交易日为 0.90），如图 3-3 所示，沪深 300ETF 期权的认沽/认购成交量比率为 1.11（上一交易日为 0.93），如何解读这些数据？

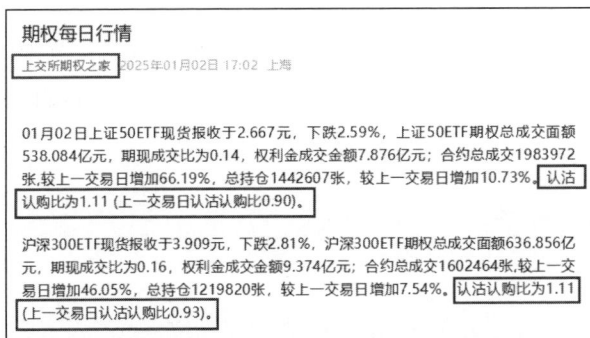

期权每日行情

上交所期权之家 2025年01月02日 17:02 上海

01月02日上证50ETF现货报收于2.667元，下跌2.59%，上证50ETF期权总成交面额538.084亿元，期现成交比为0.14，权利金成交金额7.876亿元；合约总成交1983972张，较上一交易日增加66.19%，总持仓1442607张，较上一交易日增加10.73%。认沽认购比为1.11（上一交易日认沽认购比0.90）。

沪深300ETF现货报收于3.909元，下跌2.81%，沪深300ETF期权总成交面额636.856亿元，期现成交比为0.16，权利金成交金额9.374亿元；合约总成交1602464张，较上一交易日增加46.05%，总持仓1219820张，较上一交易日增加7.54%。认沽认购比为1.11（上一交易日认沽认购比0.93）。

图 3-3　2025 年 1 月 2 日上交所期权之家发布的期权每日行情图

细节分析

　　目前，我国期权市场上的认沽/认购成交量比率有一定的参考意

义，这个指标在 0.8 附近的参考意义不大，在两个极端值的参考意义更大一些。比如，当认沽/认购成交量比率在 0.5 附近时，说明市场看涨情绪高涨；当认沽/认购成交量比率在 1.0 以上时，说明市场看跌情绪高涨。认沽/认购成交量比率从高到低下降，说明市场看跌情绪下降；认沽/认购成交量比率从低到高上升，说明市场看涨情绪下降。

延 伸

期权还有很多特有的指标，比如认沽/认购持仓量比率等，大家可以自行了解一下。

5．收盘价不等于结算价

情　境

做过商品期货期权的投资者都知道，商品期货期权合约的收盘价往往跟它的结算价不一样，导致下一个交易日期权合约的涨跌幅度都是不准确的，下面分析一下。

细节分析

2025 年 1 月 20 日，烧碱期货期权合约 SH503C3280 收盘价为 61.0 元，而结算价为 102.5 元，差价达到 41.5 元（40.49%），如图 3-4 所示。如果按照这个数据来计算下一个交易日（1 月 21 日）的涨跌幅度，那就失真了，该期权合约的涨跌幅度跟标的的涨跌幅度并不匹配，数据的准确性存疑。

我们来看看烧碱期货期权合约 SH503C3280 从 1 月 15 日至 1 月 27 日收盘和结算价的情况吧。从表 3-2 中可以看出，没有一天是一样的，1 月 20 日的价差达到 41.5 元，非常夸张，有点"眼见不为实"的感觉。至于为什么会出现这样的情况，主要还是商品期货的结算规则导致的，所以投资者在做商品期货期权时要注意这个细节，

避免吃亏。股指期权也会出现这种情况，大家注意一下。

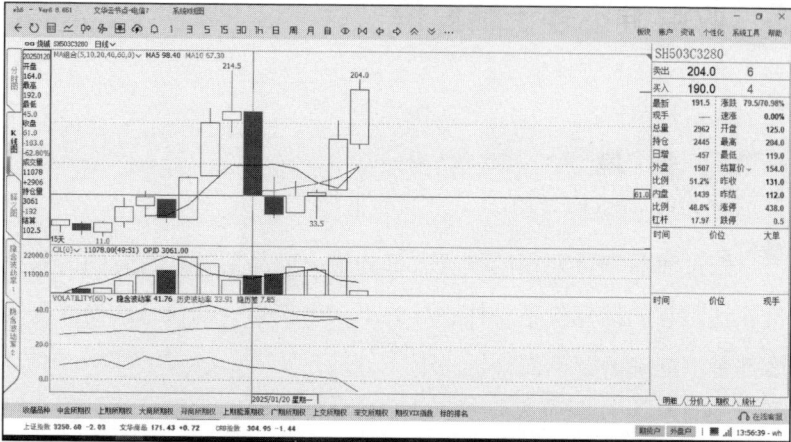

图 3-4　烧碱期货期权合约 SH503C3280 日 K 线图

表 3-2　烧碱期货期权合约 SH503C3280 收盘价和结算价表

日期	收盘价（元）	结算价（元）
1 月 15 日	83.0	64.5
1 月 16 日	150.0	134.5
1 月 17 日	164.0	173.5
1 月 20 日	61.0	102.5
1 月 21 日	39.0	55.0
1 月 22 日	61.0	59.5
1 月 23 日	66.0	50.5
1 月 24 日	131.0	112.0
1 月 27 日	191.5	154.0

延　伸

　　股票期权一般不会出现这种情况，期权合约的收盘价就等于结算价。除非个别期权合约的时间价值为负数，那么收盘后会把时间价值变为零，从而导致结算价高于收盘价，以结算价作为新的收盘价。

6. 期权合约加挂规则对比

情　境

　　各个交易所都有期权合约加挂的规则，到底哪个规则好呢？下面对比一下。

细节分析

　　我国的几个交易所的期权合约加挂规则大概有三种，具体如下。

　　第一种，上海证券交易所和深圳证券交易所目前采用"4-1-4"的期权合约加挂方式，即一个平值期权，确保至少有 4 个实值期权和 4 个虚值期权。

　　第二种，中国金融期货交易所采用的期权合约加挂方式是，行权价覆盖标的指数上一交易日收盘价上下浮动 1.0 倍涨跌停幅度所对应的价格范围。

　　第三种，大连商品交易所、郑州商品交易所、上海期货交易所、上海国际能源交易中心和广州期货交易所都采用行权价覆盖标的期货合约上一交易日结算价上下浮动 1.5 倍当日涨跌停板幅度对应价格范围的期权合约加挂方式。

　　经过实战对比，第三种期权合约加挂规则最合理，第二种期权合约加挂规则相对合理，第一种期权合约加挂规则不太合理。因为一旦碰到期权标的涨跌停，现有的期权合约就会出现不足的情况。比如 2024 年 9 月 30 日，创业板 ETF 当天涨停，涨停价格为 2.232元，而最虚的认购期权合约是深创业板 ETF 购 10 月 2050，该合约已经变成深实值的期权合约，根本找不到虚值的认购期权合约，正常情况下要有行权价从 2100 到 2450 的认购期权合约，总共缺少了8 个认购期权合约，这对期权交易的影响是非常严重的（如图 3-5所示）。以前郑州商品交易所采用的也是第一种期权合约加挂方式，后面才改成了第三种期权合约加挂方式，或许不久的将来上海证券交易所和深圳证券交易所也会修改期权合约加挂方式。

图 3-5　2024 年 9 月 30 日深创业板 ETF 期权 T 型报价图

　　有了这个细节的展示，当再次出现这种标的涨跌停的情况时，我们就可以做到心中有数、从容应对了。

延 伸

除期权合约加挂外，还有期权合约新挂，也就是期权合约到期日后的第一个交易日会新挂期权合约，还有期权标的分红除息后也会新挂期权合约，具体请看下一个细节。

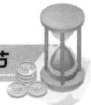

7. 为什么有带“A”的期权合约

情　境

2024 年 12 月 2 日，在上证 50ETF 期权合约中，12 月的期权合约新加挂了很多没带“A”的期权合约，也出现了很多带“A”的期权合约，并且期权合约的行权价也不是整数，如图 3-6 所示。这是怎么回事呢？

上海证券交易所　沪50ETF(510050)　合约日期：2024年12月02日　使用说明

标的	收盘价	涨跌	最高价	最低价	成交量
沪50ETF(510050)	2.688	-1.61% ▼ -0.0440	2.697	2.663	799,280,265

认购期权(Call)								202412	认沽期权(Put)							
涨跌	涨跌幅	开盘价	最低价	最高价	成交量	仓差	持仓量	23天	持仓量	仓差	成交量	最高价	最低价	开盘价	涨跌幅	涨跌
0.0080	7.58%	0.1066	0.0974	0.1238	9,565	-2053	22,485	2.597 A	55,218	-1067	18,644	0.0252	0.0173	0.0206	-13.43%	-0.0029
0.0071	6.85%	0.1102	0.0938	0.1215	12,775	2462	2,462	2.600	4,225	4225	15,250	0.0254	0.0181	0.0208	-13.22%	-0.0030
0.0064	8.68%	0.0748	0.0672	0.0898	44,899	-8683	55,960	2.646 A	74,908	-8768	51,959	0.0430	0.0319	0.0375	-13.11%	-0.0051
0.0071	9.89%	0.0736	0.0636	0.0869	31,579	5757	5,757	2.650	9,587	9587	37,895	0.0467	0.0331	0.0394	-14.53%	-0.0060
0.0060	12.24%	0.0488	0.0449	0.0619	58,611	-11058	66,426	2.695 A	52,394	-9186	42,946	0.0693	0.0530	0.0628	-10.36%	-0.0066
0.0045	9.28%	0.0508	0.0425	0.0594	68,694	16239	16,239	2.700	16,191	16191	52,232	0.0748	0.0556	0.0669	-10.96%	-0.0074
0.0038	11.41%	0.0339	0.0303	0.0425	44,206	-6197	71,012	2.744 A	36,314	-1492	16,813	0.1055	0.0821	0.0946	-8.38%	-0.0080
0.0030	9.20%	0.0333	0.0272	0.0404	29,725	6607	6,607	2.750	2,646	2646	19,490	0.1078	0.0861	0.0972	-9.41%	-0.0095
0.0028	12.73%	0.0236	0.0182	0.0293	34,286	-3925	57,385	2.793 A	19,493	-449	5,108	0.1428	0.1180	0.1302	-6.90%	-0.0092
0.0019	8.68%	0.0220	0.0186	0.0280	27,227	6073	6,073	2.800	1,015	1015	3,794	0.1477	0.1235	0.1359	-7.34%	-0.0103

图 3-6　2024 年 12 月 2 日上证 50ETF 期权 T 型报价图

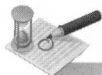

细节分析

根据华夏基金管理有限公司的公告，上证 50ETF 将于 2024 年 12 月 2 日除息。依据《上海证券交易所股票期权试点交易规则》（以下简称《交易规则》）的有关规定，上海证券交易所将于同日对上证

50ETF 期权所有未到期期权合约进行相应调整，并重新挂牌新的上证 50ETF 期权合约。有关事项公告如下。

一、未到期期权合约的调整安排

（一）合约交易代码的第 12 位由"M"调整为"A"，其他位保持不变。

（二）合约简称中的行权价调整为新行权价，同时将标志位调整为"A"（原来无标志位）。

（三）将合约单位由原来的 10000 调整为 10205，行权价也做出相应的调整。

所以你看到的带"A"的期权合约为调整后的合约，也就是不标准的期权合约。我们在交易时，首选没有带"A"的标准期权合约，尽量不要交易带"A"的不标准期权合约，因为带"A"的期权合约的持仓量会越来越少，交易会越来越不活跃，都转到交易不带"A"的标准期权合约上了。

ETF 期权都会出现除息加挂期权合约的情况。

延 伸

商品期货期权和股指期权就不会出现这种情况，但是股指期权会出现另外一种情况：由于标的会出现除息，在没除息前的两个月中，会导致相同行权价看涨期权合约的时间价值偏低，认沽期权合约的时间价值偏高，等到除息后就正常了。

8. 打通任督二脉，从此淡定交易

情 境

期权交易是一项比较复杂的交易，因为其杠杆高，非线性盈亏，策略千变万化，对期权交易者提出了非常高的交易要求，那么我们该怎么做呢？

细节分析

对于期权交易者来说，掌握一定的期权理论是必需的，另外还要做到心中有数，知道整个持仓或策略的盈亏情况：是无限亏损还是有限亏损？有限亏损是多少？做到知其然，知其所以然，做到心中有数，从此淡定交易，持续盈利！

延 伸

在本书结尾之际，送给大家一些期权交易的口诀，希望这些口诀能为大家在期权交易实操中提供有效指引。

以小博大，有的放矢！

择时买方大赚，顺势卖方躺赚！

偶尔投机，经常投资！

用好策略，持续盈利！

买卖结合，行稳致远！

只要不想着暴利，就不会暴亏！

财不入急门！

后　记

亲爱的读者：

　　非常荣幸能够将我们在期权实战中遇到或听到的细节经验整理成书，供广大的期权交易者参考。其实，多年前我就萌生了写一本关于期权实战细节的图书的想法，但当时期权市场只有 4 个品种，可写的内容实在有限，于是只能暂时搁置。然而，随着时间的推移，我国期权市场发展迅猛，经过 10 多年的沉淀与成长，如今市场上已经拥有了 60 多个期权品种。这不仅为投资者提供了更多的交易机会，也为本书的创作提供了丰富的素材，可以说，是市场的蓬勃发展促成了这本书的诞生。

　　在期权交易的世界里，我们常常强调"细节决定成败"，这绝非空话。一个被忽视的交易细节，可能就会导致巨大的损失；而一个精心准备的期权交易细节，则可能带来意想不到的收益。因此，我们希望你通过阅读这本书，能够避免因细节疏忽而遭受不必要的损失，少走弯路，在期权交易的道路上走得更加稳健。当你在期权实战过程中，亲身体验到关注细节给你带来的好处，或者成功避免了不必要的损失时，相信你一定会庆幸自己读了这本书。因为一个细节的收获，往往远超本书的价格，到那时，我们也会感到无比欣慰。

　　本书按照期权交易的完整周期进行编排，涵盖了期权实战前、

实战中和实战后的各个环节，体系完整。书中不仅包含了大量来自实战的经验总结和细节处理，还通过翔实的案例和图文并茂的形式，为读者带来身临其境般的体验。随着期权大时代的不断纵深发展，期权实战中的细节也在不断更新和变化。为了让大家能够及时学习到新的细节，提升交易水平，我们特别建立了"期权实战细节交流微信群"。如果你想加入这个交流群，欢迎添加微信：13318736430，我们会第一时间邀请你入群。让我们一起继续学习期权实战细节，共同避免跳进新的"细节陷阱"。

由于编写本书的时间比较仓促，加之笔者水平有限，书中难免会出现一些错误和不足之处。对此，我们深表歉意，并诚恳地希望读者能够批评指正。你的每一条意见和建议，都是我们进步的动力，万分感激。

能在期权市场中与你相识，是我们难得的缘分。衷心希望本书能够为你带来好运，助你在期权实战中减少失误，提升收益，行稳致远！

黄旭东

2025 年 6 月 17 日

于广州